実践 海外投資家に向けたIR・SR対応

岡三証券
グローバル金融調査部
松本史雄
ブルームバーグ
ブルームバーグ・インテリジェンス
若杉政寛
三井住友信託銀行
証券代行コンサルティング部
井上　肇
漆間総合法律事務所
弁護士
初瀬　貴
鈴木修平
宮川　拓

中央経済社

はしがき

海外投資家が日本株を保有するようになって久しいが，近年，コーポレートガバナンス・コードやスチュワードシップ・コード等の影響により，海外投資家からのコミュニケーションや議決権行使が活発化し，果ては法的対応にまで至るようになった。当該傾向は，今後ますます増加するものと考えられる一方で，海外投資家対応に焦点を当て，かつ多角的視点からこれを取り扱った書籍は見られない。

そこで，本書は，海外投資家に効果的に対応するための留意するべきポイントについて，①証券会社の立場（IR：Investor Relations の視点），②マーケット情報や市場を分析する立場（事業会社の視点），③信託銀行の立場（SR：Shareholder Relations の視点），④弁護士の立場（有事の視点）から，実際の海外投資家や事例を紹介しつつまとめたものである。

まず第１章では，海外投資家の近年の動向や国内投資家との違い等に触れ，海外投資家が日本企業をどう見ているかについて述べる。第２章では，IR 活動の年間スケジュールの一例を挙げつつ，海外投資家とコミュニケーションをとるための知識・体制等について述べる。第３章では，海外投資家の議決権行使担当者とコミュニケーションをとるための手法や動向，SR 活動の年間スケジュール等について述べる。第４章では，海外投資家が現れた際に検討すべき法令・手続の紹介のほか，株主総会対応や企業買収等の近年の事例・裁判例を挙げ紹介する。

本書が契機となり，海外投資家に対する実務対応の理解に資することができれば望外の喜びである。

最後に，本書の出版にあたっては，企画の段階から，パナソニックの大嶋裕美氏，中央経済社の石井直人氏には多大なお力添えをいただいた。この場を借りて御礼申し上げる。

2021年２月

執筆者代表として

漆間総合法律事務所

目　次

第1章 海外投資家が日本企業に求めること

岡三証券株式会社 グローバル金融調査部 チーフストラテジスト　松本 史雄

【本章のポイント】

☑海外投資家の大部分は国内投資家と同じ普通の投資家である。海外投資家＝「モノ言う投資家」というイメージはマスメディアによって作られた誤ったイメージである。

☑金融庁が2014年に制定した日本版スチュワードシップ・コードを受けて，これまでモノを言わない投資家だった普通の投資家がモノを言わざるを得なくなったことがアクティビスト活発化の背景にある。

☑海外投資家の日本株投資はグローバル株式投資の中で行われることが多い。日本の投資家は国内株式という資産クラスを持っているが世界的にみれば主流ではない。

☑投資家対応においては，時差や言語の違いに加え，使用されるベンチマークや業種分類が異なること，さらにはそもそも日本への理解に大きな差があることを留意しておきたい。

☑グローバルな機関投資家による非営利団体は，新型コロナ禍で株主還元が減少することに理解を示す一方，企業が社会や環境に対してより配慮するべきであることを強調している。

☑米大手アクティビストファンドの創業者が環境や社会に注目した投資に軸足を移し始めている。2020年３月に改訂されたスチュワードシップ・コードにもESG要素が追加されており，「モノ言う投資家」の主張がガバナンスからサステナビリティに拡がっていく可能性がある。

1　はじめに

読者は海外投資家についてどのようなイメージを持ってこの書を手にしてくれたのだろうか。メディアに登場する海外投資家像からは，例えば，ロケット開発の技術者やノーベル賞を受賞するような経済学者がスーパーコンピューターのようなものを駆使し，株式市場でのミスプライスを発見して高頻度で取引を行う「HFT（ハイ・フリークエンシー・トレーディング）[1]」や，配当額の引き上げや自社株買いを要求する，いわゆる「モノ言う投資家」が思い浮かぶのではないだろうか。しかし，現実には，日本株を保有する海外投資家の大部分は，日本の機関投資家が行っている手法と同様の運用を行ういわゆる普通の投資家である。

本章は海外投資家の思考や投資行動，特に日本の投資家との違いについて，公開データ等を踏まえつつ，筆者の経験を基に言及するものであり，HFTやアクティビストファンドを含む特定の投資手法についての詳細な解説を行うものではない。さらに言えば，そのような投資手法に追随して利益を上げることを指南するものでもない。海外投資家への漠然とした不安を抱いている上場企業のIRに携わる実務家に対して，海外投資家としてまた海外投資家に近い立場で業務を行ってきた筆者から，海外投資家と接する上で認識しておくべきと思われる情報を共有することを目的としている。

筆者は現在，証券会社において主に機関投資家向けに日本株市場の分析と情報提供を行うストラテジストの立場にあるが，2005年から2019年まで，主にファンドマネージャーとしてバリュースタイル[2]の日本株アクティブ運用[3]に従事した。2005年から2013年に所属した日本の生命保険会社グループの投信投

1　High-frequency tradingとはミリ（1000分の1）秒単位の超高速・高頻度でコンピューターがプログラムに従って行う取引のこと。株式市場の流動性に厚みを持たせているという評価がある一方，市場の急落時にHFTが市場混乱を引き起こしたとするHFT悪玉論もある。

2　割安株運用ともいわれ，企業の価値に対して株価が割安と見られる銘柄に投資をすることでリターンを得ようとする運用手法。割安の判断には，株価純資産倍率（PBR），株価収益率（PER），株価キャッシュ・フロー倍率（PCFR）等が使われる。

資顧問会社では，投資信託や年金，保険グループ資産の運用に従事する一方で，海外投資家（大陸欧州および中東）の資金を預かり，日本株の投資判断を下す立場も担っていた。2014年から2019年には，英国の独立系運用会社の日本法人に所属し，主に欧州投資家の資金を預かり，日本株の投資判断を下す海外投資家として従事したが，国内機関投資家の資金を預かる国内投資家としても振る舞っていた。所属企業が日系から外資系に変わったからといって運用スタイルが突然変わるわけではなく，バリュースタイルの日本株アクティブ運用を英国系運用会社においても継続した。

一部メディアが，日本における海外投資家に関する知識の少なさを逆手にとり，黒船襲来といった見出しで海外投資家すべてがアクティビストファンドであるかのような書き方をしているが，アクティビストという言葉は運用戦略の１つを表すものであり海外投資家に限定されるものではない。大部分の海外資産運用会社が日本の運用会社と同様の普通の機関投資家であるにもかかわらず，海外投資家すべてがアクティビストであるかのような書き方をするのはかなり乱暴な議論であると筆者は考えている。本章を通じ，海外投資家に対する誤解を少しでも解くことができればとも考えている。

本章ではまず，東京証券取引所等の開示する公的なデータ等を用い，日本株に投資を行う海外投資家の大部分がインデックス等を中心とするファンド（ポートフォリオ）投資家（もしくはそれに近い属性を有する投資家）であることに言及する。次に，株式運用においてインデックス運用が主流となりつつある中で，アクティビストファンドと称されるヘッジファンド[4]が支持を集めている背景について述べる。また，海外投資家と国内投資家における基本的な違いについて整理し，最後に新型コロナウイルス流行後の動き等を踏まえながら今後の海外投資家の動きがどのように変わる可能性があるのかについての見

3　東証株価指数（TOPIX）等の市場インデックスと比較して相対的に高い収益を目標に運用する方法。

4　機関投資家の一部だが，伝統的な機関投資家の運用は市場インデックスに対する相対リターンの多寡を顧客へ提供する一方，ヘッジファンドが顧客に提供するのは絶対リターンで，受け取る運用報酬についても運用成果に連動するパフォーマンスフィーの比率が高い。

解を述べる。

本章は主に実務家としての筆者の経験を基に記述するものである。データ等を用いながら可能な限り客観的な見方を取り入れているが，実証研究等に基づく学術分析ではない。また，本章において言及する海外投資家には，株主としての海外投資家と投資判断者としての海外投資家の両方が含まれ，東京証券取引所が定義する海外投資家とは厳密な意味での定義が異なる点には留意されたい。

【図表１－１】東京証券取引所による海外投資家の定義（詳細は第４章を参照）

⑴　外為法（「外国為替及び外国貿易法」）第６条第１項第６号に規定する「非居住者」。 なお，日本企業の在外支店及び現地法人については「非居住者」となるため，「海外投資家」に含まれるが，下記⑵を除く外国企業の在日支店及び外国企業の日本の現地法人については「居住者」となり「海外投資家」には含まれない。
⑵　東証非取引参加者である外国証券会社の国内に設ける支店。

（出所）東京証券取引所

2　公開データから読み解く海外投資家像

⑴　海外投資家の日本株保有状況

東京証券取引所等が年１回実施している株式分布状況調査によれば，2019年度の外国法人等の日本株保有比率は，前年度比プラス0.5ポイントの29.6％となり，２年連続で30％を下回った。一方，外国法人等の株主数は前年度比2.0％増の51万419人となった。外国法人等の日本株保有比率は2014年度に過去最高の31.7％を記録したが，その後は緩やかながら低下傾向となっている（【図表１－２】）。詳細は後述するが，海外投資家の中でも日本株の保有比率の見直しを頻繁に行う欧州の投資家の日本株売買動向は，日本株の対米国株リターンと

【図表１－２】外国法人等の日本株保有比率の推移

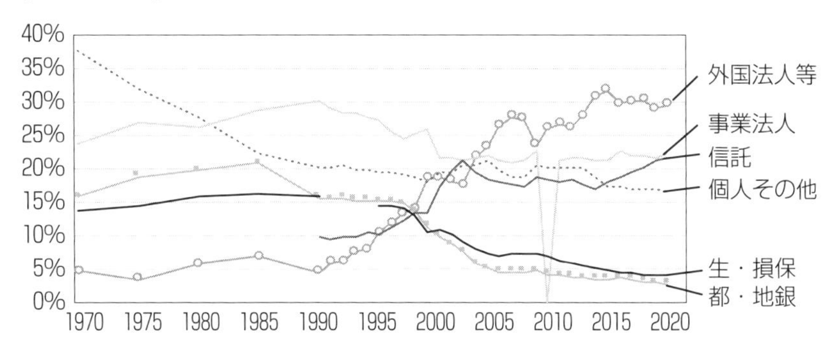

＊1985年度以前の信託銀行は都・地銀に含まれる。
（出所）JPX 公表資料に基づいて岡三証券作成

の連動性が観察される。最近の海外投資家の日本株保有比率が低下してきたことの背景には，米国株に対する日本株の低調なパフォーマンスが影響していると考えられる。

(2)　海外投資家の業種別保有比率と騰落率の関係

海外投資家の日本株保有について，2019年度の業種別保有比率の前年度比での変化を見ると，海外投資家の保有が増加した業種の保有比率変化幅と業種別指数騰落率の間には正の相関が観察される（【図表１－３】）が，前年度の保有比率変化幅と今年度の業種別指数騰落率の間には相関関係を見出しにくい（【図表１－４】）。このような関係が示唆するのは，大部分の海外投資家の投資行動は，株価が上昇している（もしくは上昇した）業種の保有比率を引き上げ，下落している（もしくは下落した）業種の保有比率を引き下げるという，順張り[5]（トレンドフォロー）型に分類されるのではないかということである。

5　株価が上昇しているときに買い，下落基調のときには売るというトレンドに沿って売買を行う投資手法。反対に，株価が上昇しているときに売り，下落しているときに買い向かう売買手法を逆張りという。

【図表1－3】海外投資家保有比率の変化と業種別騰落率の関係

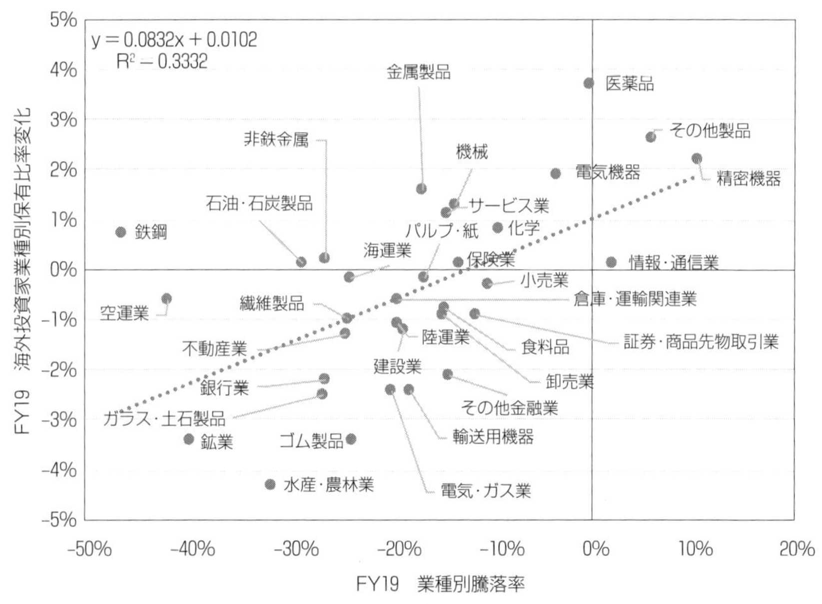

（出所）JPX，QUICK 公表資料に基づいて岡三証券作成

【図表1－4】海外投資家保有比率の変化（前年度）と業種別騰落率の関係

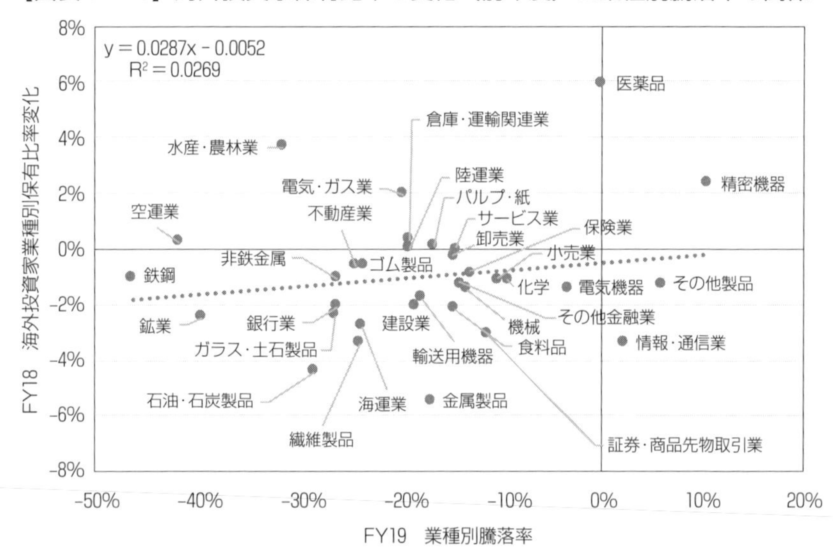

（出所）JPX，QUICK 公表資料に基づいて岡三証券作成

⑶　海外投資家の保有比率の高い銘柄と騰落率の関係

同様に，海外投資家の保有銘柄について，保有比率とリターン，保有比率の変化とリターンの関係を見ると，

（a）当年度保有比率上位20%の銘柄は市場を上回るパフォーマンスを示し，下位20%の銘柄は市場を下回るパフォーマンスを示していることがわかる。同様に，保有比率の変化上位20%の銘柄は市場を10%以上上回るリターンとなった一方で，下位20%の銘柄は10%近く市場のパフォーマンスを下回った。

（b）前年度保有比率上位20%の銘柄と下位20%の銘柄のリターン差はほとんどなく，いずれも市場リターンに近い結果となった。また，前年度保有比率の変化上位20%の銘柄と下位20%の銘柄のリターンはいずれも市場並みのリターンにとどまっただけでなく，上位20%の銘柄のリターンは下位20%の銘柄のリターンを2%弱下回る結果となった。

本書の主たる目的はIR実務者向けに海外投資家とはどのような存在であるのかを伝えることにあり，海外投資家の運用手法の巧拙を評価することを目的としていないため詳細への言及は避けるが，業種別データ，個別銘柄データのいずれもが，海外投資家の保有比率と株価の関係について，過去のパフォーマンスを説明することはできるが，将来のパフォーマンスの予想を行う上でほとんど役に立たないことを示している。

【図表1－5】海外投資家保有比率　上位20%と下位20%の銘柄の平均株価パフォーマンス推移（2015～2019年度平均）

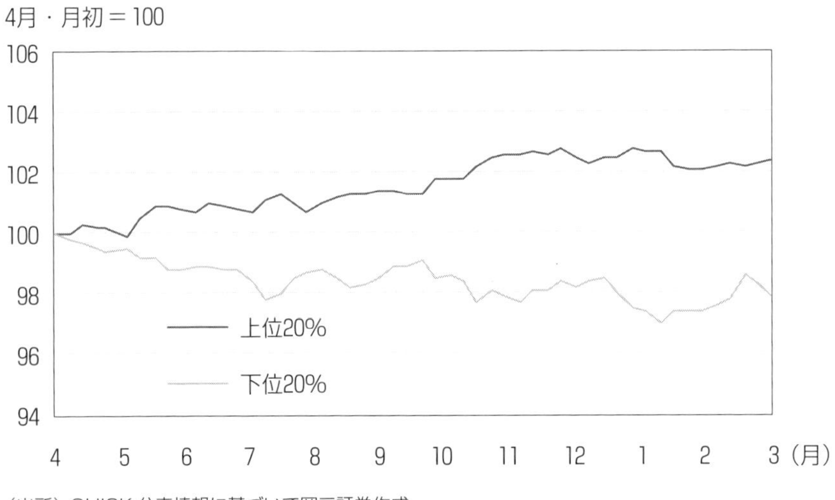

（出所）QUICK 公表情報に基づいて岡三証券作成

【図表1－6】海外投資家保有比率の変化・上位20%と下位20%の銘柄の平均株価パフォーマンス推移（2015～2019年度平均）

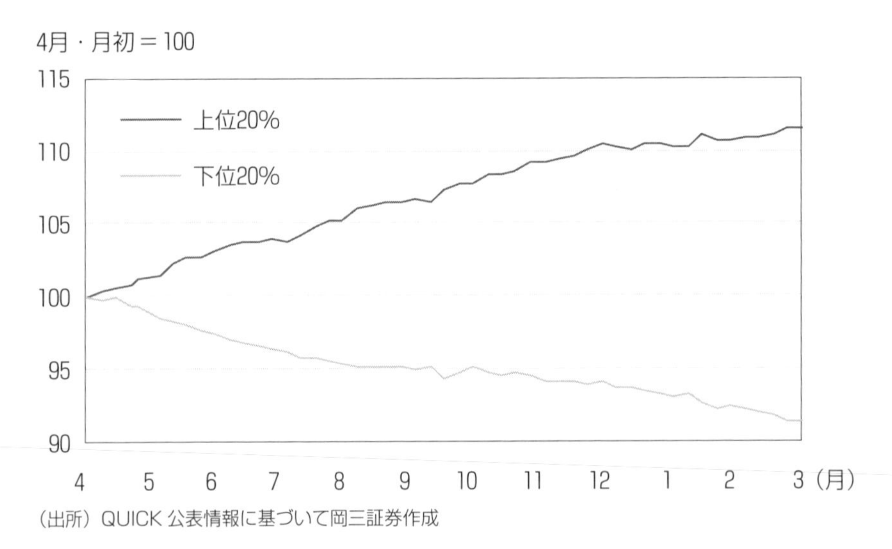

（出所）QUICK 公表情報に基づいて岡三証券作成

【図表１－７】海外投資家保有比率　上位20%と下位20%の銘柄の翌年度の平均株価パフォーマンス推移（2015～2019年度平均）

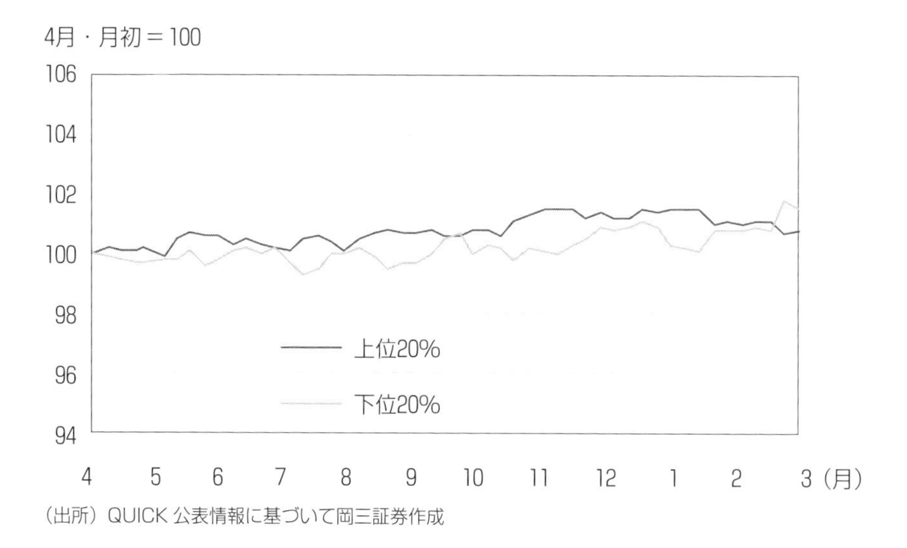

（出所）QUICK 公表情報に基づいて岡三証券作成

【図表１－８】海外投資家保有比率変化　上位20%と下位20%の銘柄の翌年度の平均株価パフォーマンス推移（2015～2019年度平均）

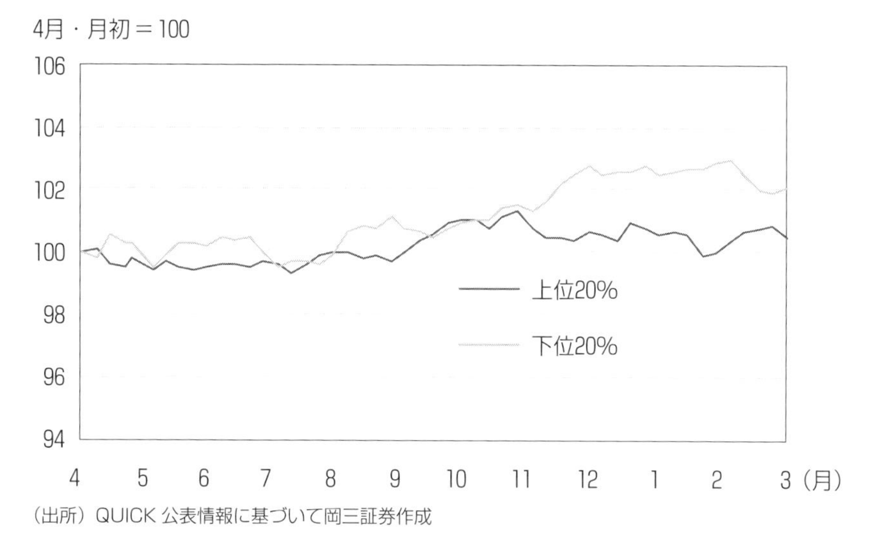

（出所）QUICK 公表情報に基づいて岡三証券作成

(4)　データから読み解く海外投資家像

データから推測される海外投資家の投資スタイル（順張り）から見えてくるのは，海外投資家の大部分が市場のコンセンサス（共通認識）に沿って投資行動を行っているということである。株価の上昇している（もしくは上昇した）銘柄を買い，下落している（もしくは下落した）銘柄を売るという投資行動から推測される運用手法は，株価指数に連動する投資を行うインデックス等のファンド（ポートフォリオ）投資である。先進的といわれる運用手法が米国を経由して日本に持ち込まれることが多いため，時に海外投資家とアクティビストが同義のように使われることがあるものの，誤った認識であることは既述のとおりである。この点については，[円谷，2014][6]でも，「巨額の運用資金を持つグローバルファンドは，スティールと比較して対日投資額および保有銘柄数ともに大きく，スティールなど限られた投資家の行動のみをもって外国人投資家の一般的な姿とするのは拙速である」，「外国人投資家の平均的な姿がアクティビストであり，それが経営を規律付けているとする主張は短絡的である」と，スティール・パートナーズのようなアクティビストが海外投資家の一般的な姿であると判断することを戒めている。

3　海外投資家の運用手法

(1)　インデックス（パッシブ）運用へのシフトが進む

ここまで，大部分の海外投資家の投資行動はインデックスを中心とするファンド（ポートフォリオ）投資であることを見てきたが，次に，日本を含む世界の機関投資家の株式投資におけるインデックス化の流れについて説明する。TOPIXや日経平均株価といった株価指数[7]に連動する運用を行うのがインデックス（パッシブ）で，株価指数と比較して高いリターンを目指す運用をア

6　円谷昭一「外国人投資家の実像とディスクロージャー・IR」プロネクサス総合研究所『研究所レポート2014　第8号』6頁。

【図表１－９】GPIF　国内株式リターンの比較（パッシブとアクティブ）

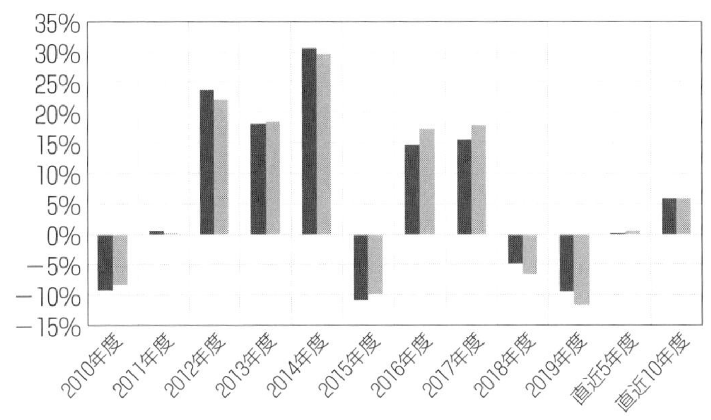

（出所）GPIF 公表資料に基づき岡三証券作成

クティブと呼ぶ。本書の主題から外れるため，いずれの運用手法が優位であるかについての議論は行わないが，年金積立金管理運用独立行政法人（GPIF：Government Pension Investment Fund）[8]の開示データから過去10年間の実績を見る限りでは，日本株式の分野においてアクティブ運用とパッシブ運用の年平均リターンに大きな違いは見られていない。年金基金などのスポンサーが資産運用会社に支払う手数料を削減する動きを背景に，アクティブ運用からパッシブ運用へシフトしてきているというのが，世界的な資産運用業界における大きな流れである。

GPIF の国内株式運用について2001年度以降の動きを見ると，厚生年金の代行返上の動きが強まった2000年代前半にアクティブ運用からパッシブ運用へのシフトが大きく進んだことがわかる。2000年代半ば以降，国内株式のアクティブ運用の比率は20～30％の間で推移していたが，2012年度以降にその比率を一段と低下させて，2016年度末以降は約10％程度で推移している。また，アク

7　株式市場の値動きを総合的に表すために複数の銘柄を一定のルールに基づいて指数化したもの。
8　世界最大の年金基金。厚生労働大臣から寄託された年金積立金の管理および運用等を行う。日本銀行と並び日本株の実質株主として最大級。

【図表1－10】GPIF　アクティブ運用比率と管理運用委託手数料率の推移

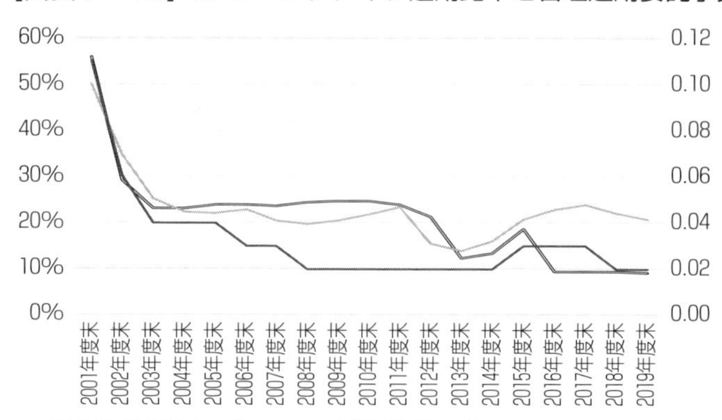

（出所）GPIF 公表資料に基づき岡三証券作成

ティブ運用比率の低下にあわせて管理運用委託手数料率が低下してきたことが観察できる。

世界の運用会社ランキングを見ると，2019年の世界の運用資産額トップ３は，トップがブラックロック（米国）で運用資産額は約7.4兆ドル，２位がバンガード・グループ（同）で約6.1兆ドル，３位がステート・ストリート・グローバル（同）で約3.1兆ドルとなっており，いずれもパッシブ運用で定評のある運用会社だった。ウイリス・タワーズワトソンの「世界の運用資産規模トップ500社の運用会社ランキング」によれば，引き続きアクティブ運用の比率が過半を占めているが，資産の伸びという観点ではパッシブ運用が2015年から2019年の４年間で運用資産を60％増加させた一方，アクティブ運用の増加は28％にとどまった。

【図表1－11】世界の運用会社ランキング

順位	運用機関	市場	運用資産額（百万米ドル）
1	ブラックロック	米国	$7,429,632
2	バンガード・グループ	米国	$6,151,920
3	ステート・ストリート・グローバル	米国	$3,116,424
4	フィデリティ・インベストメンツ	米国	$3,043,134
5	アリアンツ・グループ	ドイツ	$2,539,842
6	JP モルガン・チェース	米国	$2,364,000
7	キャピタル・グループ	米国	$2,056,991
8	バンク・オブ・ニューヨーク・メロン	米国	$1,910,000
9	ゴールドマン・サックス・グループ	米国	$1,859,000
10	アムンディ	フランス	$1,617,280
11	リーガル・アンド・ジェネラル・グループ	イギリス	$1,568,891
12	プルデンシャル・ファイナンシャル	米国	$1,550,982
13	UBS	スイス	$1,413,000
14	BNP パリバ	フランス	$1,257,603
15	ノーザン・トラスト	米国	$1,231,300
16	インベスコ	米国	$1,226,173
17	ティー・ロウ・プライス	米国	$1,206,800
18	ウエリントン・マネージメント	カナダ	$1,154,735
19	モルガン・スタンレー	米国	$1,131,824
20	ウェルズ・ファーゴ	米国	$1,091,100

（出所）ウィリス・タワーズワトソン

【図表1－12】グローバル大手資産運用会社の運用内訳（パッシブとアクティブ）

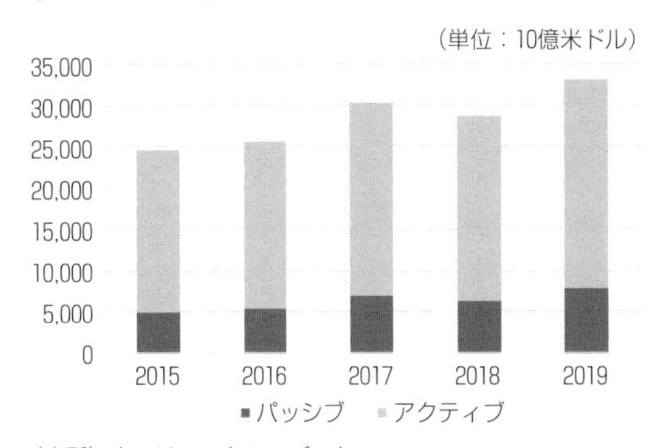

（出所）ウィリス・タワーズワトソン

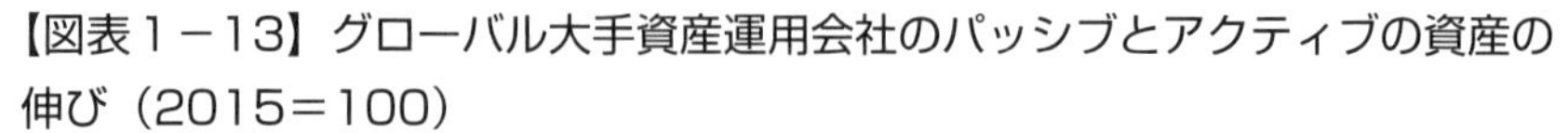

【図表1－13】グローバル大手資産運用会社のパッシブとアクティブの資産の伸び（2015＝100）

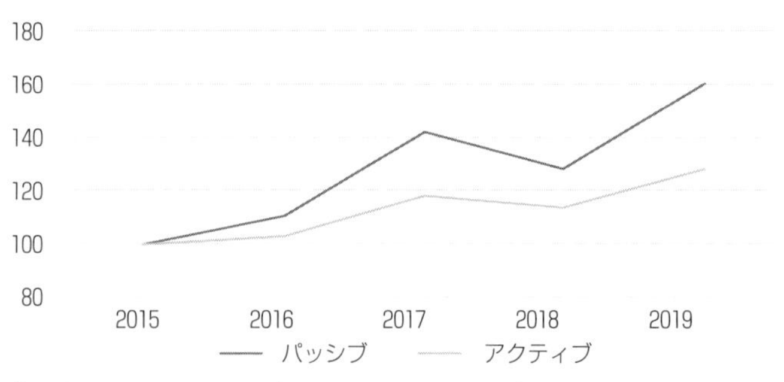

（出所）ウイリス・タワーズワトソン公表資料に基づき筆者作成

⑵　アクティビストの台頭

「モノ言う株主」として海外投資家の代名詞のようになりつつあるアクティビストだが，現実には，海外投資家の大部分はインデックス投資等を通じて日本株の投資を行う普通の投資家であることは既述のとおりである。世界最大のアクティビストファンドといわれるエリオット・マネジメント（米国）でさえも，運用資産額は，グローバルトップのブラックロックの10分の１にも満たない規模と見られる。グローバルな資産運用会社が株式運用に特化しているわけではないため単純比較は難しいが，少なくとも資産規模の観点ではアクティビストファンドが業界におけるメインストリームではないと言えるだろう。

それでは，なぜアクティビストの活動が年々勢いを増しているのだろうか。三井住友信託銀行の調査によれば，アクティビスト等から株主提案を受けた企業の数は年々増加傾向にあり，2020年は６月末時点ですでに25社に達していた。日本の上場企業に対するアクティビスト活動が活発化しているという見方に誤りはないだろう。

【図表1－14】アクティビスト等から株主提案を受けた企業数

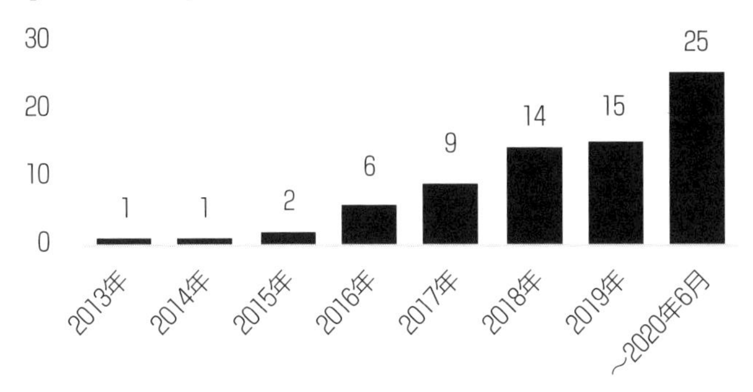

（出所）三井住友信託銀行

アクティビストファンドが台頭する背景には，伝統的な株式投資の期待リターンが低下していることが挙げられる。パッシブであれアクティブであれ，伝統的な株式投資は，企業や企業の属する産業，または国の成長力に注目する。したがって，経済成長率の高い新興国市場においてはアクティビスト活動が活発にならないと考えられる。また，上場後間もない，資金需要の旺盛な成長企業に対し，「配当を引き上げろ」，「自社株買いをしろ」といった株主還元に関する要求は一般的には起こりにくい。株価の割高・割安の議論をとりあえず横に置けば，１株当たり利益（EPS：Earnings Per Share）[9]が高成長を続ける限り，理論的には株価上昇が継続することになるため株主の不満は高まらないといえる。

しかし，国の成長率が鈍化し，企業や所属する産業も成熟化し始めると，継続的に高い株価リターンの期待できるフェーズは残念ながら終わりを迎えることになる。伝統的な株式投資においては，企業や産業の成長に期待する投資家（いわゆるグロース投資家[10]）が退出し，バリュエーションなどの割安さに注目するいわゆるバリュー投資家[11]へと株主構成が変化することになる。伝統的な

9　純利益を発行済株式数で割ったもの。
10　利益成長に注目して株式投資を行う投資家の総称。
11　利益や資産等から推測される企業価値に対して市場価値（株価）が割安な銘柄へ投資を行う投資家の総称。

株式投資におけるバリュー株投資では，景気サイクルの好転に加え，事業再編等を通じての企業の収益改善などが株価の割安を修正することに期待する。アクティビストも割安株投資の一種であると考えられるが，最大の違いは割安を修正するカタリスト[12]が訪れることを待つ（受動的）のではなく，株主総会での株主提案を行ったり，企業の経営効率改善を促したりすることにより，業績や株価に不満を抱いている普通の投資家の支持を得て，割安修正を実現しようとする（能動的・アクティブ）点にあると思われる。

そして，日本株の３割を保有する海外投資家の大部分がいわゆる普通の投資家であり，７割を引き続き国内投資家が保有している状況下，金融庁が2014年に策定した責任ある投資家の諸原則（日本版スチュワードシップ・コード）[13]を受け，これまでモノを言わなかった国内機関投資家がモノを言わざるを得なくなったことが，アクティビストの影響力を強めることになったと考えられる。実際，大手日系機関投資家２社の株主提案への賛成行使率は増加傾向にあり，アクティビスト等の提案が普通の投資家の支持を拡大していることが見てとれる（【図表１－15】）。

【図表１－15】大手日系機関投資家２社の株主提案への賛成行使率

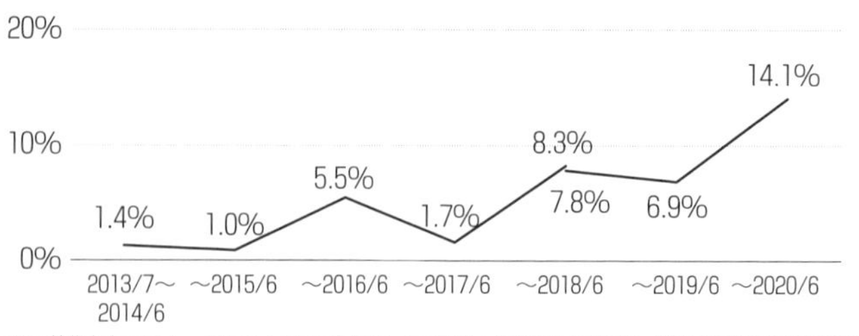

※三井住友トラスト・アセットマネジメントと三菱UFJ信託銀行の平均。2018/6月以前は親議案数ベース，それ以降は子議案数ベース

（出所）三井住友信託銀行

12　英語で化学反応を促進する触媒から来ており，株価を動かすイベントや材料を指す。

【図表1－16】日本版スチュワードシップ・コードの原則[13]

1．機関投資家は，スチュワードシップ責任を果たすための明確な方針を策定し，これを公表すべきである。
2．機関投資家は，スチュワードシップ責任を果たす上で管理すべき利益相反について，明確な方針を策定し，これを公表すべきである。
3．機関投資家は，投資先企業の持続的成長に向けてスチュワードシップ責任を適切に果たすため，当該企業の状況を的確に把握すべきである。
4．機関投資家は，投資先企業との建設的な「目的を持った対話」を通じて，投資先企業と認識の共有を図るとともに，問題の改善に努めるべきである。
5．機関投資家は，議決権の行使と行使結果の公表について明確な方針を持つとともに，議決権行使の方針については，単に形式的な判断基準にとどまるのではなく，投資先企業の持続的成長に資するものとなるよう工夫すべきである。
6．機関投資家は，議決権の行使も含め，スチュワードシップ責任をどのように果たしているのかについて，原則として，顧客・受益者に対して定期的に報告を行うべきである。
7．機関投資家は，投資先企業の持続的成長に資するよう，投資先企業やその事業環境等に関する深い理解のほか運用戦略に応じたサステナビリティの考慮に基づき，当該企業との対話やスチュワードシップ活動に伴う判断を適切に行うための実力を備えるべきである。
8．機関投資家向けサービス提供者は，機関投資家がスチュワードシップ責任を果たすに当たり，適切にサービスを提供し，インベストメント・チェーン全体の機能向上に資するものとなるよう努めるべきである。

（出所）金融庁 スチュワードシップ・コードに関する有識者検討会「「責任ある機関投資家」の諸原則≪日本版スチュワードシップ・コード≫～投資と対話を通じて企業の持続的成長を促すために～」

13　機関投資家の受託者責任を果たすための原則を定めた規範。英国で2010年に制定された英国スチュワードシップ・コードを規範として誕生した。法的拘束力はないが，本コードを受け入れた機関投資家は，責任を果たすための取組み方針等についてウェブサイトで開示することが求められる。

筆者は，2001年以降，セルサイドアナリスト[14]として4年強，その後，バイサイド[15]に転じ，主にファンドマネージャーとして14年，計18年にわたり日本企業のIRを見てきた。その経験から言うと，伝統的な日本企業にとって，Equity＝自己資本，つまり負債ではないため返さなくてよいお金という認識が強いように思われる。一方，特に米国ではEquity＝株主資本であり，必要がなければ株主に返すべきという考えが強いように考えられる。また，日本企業の経営者は，株価は市場が決めるものであり，企業は事業運営に集中すべきという考えが強いようにも思われる。一方，米国型経営は経営者の報酬に占める株式連動型報酬の比率が高いことなどから，経営者が自社の株価に関心を持たざるを得ないシステムとなっているように感じられる。

企業の成長と株価の上昇が連動している場合においては経営者や従業員といったインサイダーのインセンティブと株主のインセンティブは一致する。しかし，企業の成長が市場の要求水準に達しないステージ，例えば，低成長の先進国の国内総生産（GDP：Gross Domestic Product）並みにしか成長しない成熟企業へ移行すると，経営者や従業員の頑張りにより産業平均を上回る成長を目指すという日本的横並び主義が，世界株の中での高いリターンを求める海外投資家にとって魅力的ではないと判断され，国内投資家にとっても受け入れにくいものになってしまうと考えられる。そして，株価や経営のパフォーマンスに不満を抱く株主が増えるほど，アクティビストの提案が受け入れられる素地を整えていくことになるのである。

一部の議決権行使助言会社（第3章参照）による取締役の選任に関する基準（例えば，過去5年平均のROEが5％を下回り，かつ改善傾向にない場合には社長や会長などの取締役選任議案に反対することを推奨）に対して，国や産業の特性を無視したものであるといった批判的な意見が事業会社の経営陣から発せられるようになってきた。5％を下回るROEを続けてきたことを正当化するのは難しいが，これまでの日本企業は，普通の投資家がモノを言わないこ

14　株を売る立場である証券会社（セルサイド）に所属するアナリスト。
15　資産運用会社など株を買う立場の会社の総称。

とにあぐらをかいて，このような意見の発信すらしてこなかったのではないだろうか。

筆者が最も効果的と考えるアクティビスト対応は，いわゆる普通の投資家に真摯に対応することで近視眼的なアクティビストの提案を受け入れない長期的な株主作りを行うことである。詳細は第２章以降に譲るが，投資家対応，株主対応において，自社がどのステージにいるのか，近い将来どのステージに入りそうなのかということを客観的に認識し，そこから導き出される資本政策や財務戦略を投資家に打ち出し理解を求めることこそが最大のアクティビスト対応であると考える。

4　海外投資家と国内投資家の違い……敵を知り己を知る

(1)　日本に関する知識の差：海外投資家はそもそも日本を知らない

海外投資家と国内投資家との違いは，まず日本に関する知識の差ということになるだろう。もちろん，日本に拠点を持つ大手運用会社や日本株専任の担当者を持つ機関などで，国内投資家と遜色のないレベルで日本の知識を有する海外投資家も存在する。一方で，中国の台頭等を受けての世界の株式市場における日本の重要度の低下などから，アジア株式やグローバル株式の中での一銘柄という位置づけで日本企業を調査するケースも増えていると見られ，知日派は全体として減少傾向にあると考えられる。したがって，海外投資家に対しては，知っているのが当然といった意識での情報提供は慎む必要があると考えられる。

筆者は中東のソブリンウェルスファンド（政府系ファンド）向けに日本株一任口座の運用を担当していた経験を持つ。先方のオフィスを訪問しての運用報告の席上で，タイで発生した大規模な洪水の影響により，東日本大震災後の業績回復を見込んで投資していた自動車関連企業の業績が回復せず，パフォーマンスにマイナスの影響を与えた旨を説明した。それに対する先方の反応は，タイで起きた洪水がどうして日本企業の業績に影響するのかというものだった。

タイの洪水で日本の製造業が被害を受けたことは幅広くメディアで報道されていた上，日本の製造業の多くがタイに製造拠点を持っていることは知っていて当然という意識があった。しかしながら，アジアから遠く離れた中東ではタイの洪水に対する認識はそれほど高くなかっただろうし，そもそもの日本企業に関する知識がその程度であったということだったのかもしれない。

IR取材における情報開示のポイントについては第2章で詳細を述べるが，日本の運用会社で国内株というアセットクラスを持ち，投資先企業と年に複数回（多い場合は四半期決算ごとのカンファレンスと取材，事業説明会，工場見学会などで年間に2桁超）コンタクトをとる国内運用会社と，日本に運用拠点を持たず，グローバル株式運用における投資「候補」として初めて話を聞く海外投資家では随分と関心事も違うのではないかと思われる。つまり，国内投資家の関心は四半期決算にしかないというような批判的な見方に対して，四半期決算における粗探しができるほど企業のことを深く知っていると言い換えることができる。同様に，海外投資家は企業に関する基本的な知識がないため，ビジネスの長期的な展望を確認するところからスタートすると考えることもできるだろう。

(2)　地域ごとの投資家の違い

北米の機関投資家が日本のアセット・オーナーの資金を運用することもあれば，欧州や中東のアセット・オーナーの資金を日本の機関投資家が運用することもあるため，海外投資家といっても様々であるが，地域ごとで投資のスタイルには一定の特徴が見られる。ここでは，地域を代表するアセット・オーナー（政府系年金やファンド）のアニュアルレポート等を参考にしながら地域ごとの機関投資家の特色について簡単に整理をする。

まず，国内投資家と海外投資家の違いを確認するため，日本のアセット・オーナーであるGPIFが日本株で運用する資産をどのように配分・管理しているのかを見てみたい。GPIFは，日本株の実質株主としては日本銀行と並ぶ最大機関の1つである。海外の大手資産運用会社に対しても日本株の運用を委託しており，海外投資家の日本株への投資行動にも一定の影響を与えていると見られる。

GPIF の2019年度業務概況書[16]によれば，株式の資産配分は，国内株式（日本株）と外国株式に分けて行われており，2020年３月末で国内株式を35.6兆円（運用資産の22.87%）保有していた。日本の年金基金なので自国通貨（日本円）建ての国内株式に一定の規模で資産配分を行うことが当たり前のように思えるかもしれないが，海外大手のアセット・オーナーのアニュアルレポートを見ると，国内株式という資産クラスを設けているところは多くないことがわかる。

国内株式の９割強がパッシブ運用となっており，アクティブ運用の比率は１割にも満たない。ベンチマークとしては，国内株式の運用資産額の７割がTOPIX（配当込み）だった（【図表１－17】）。また，資産の委託先としては，77%が日系の運用会社，23%が外資系の運用会社だった（【図表１－18】）。

【図表１－17】GPIF の日本株運用資産におけるベンチマーク

【図表１－18】GPIF の日本株運用資産の委託先とアクティブ・パッシブ比率

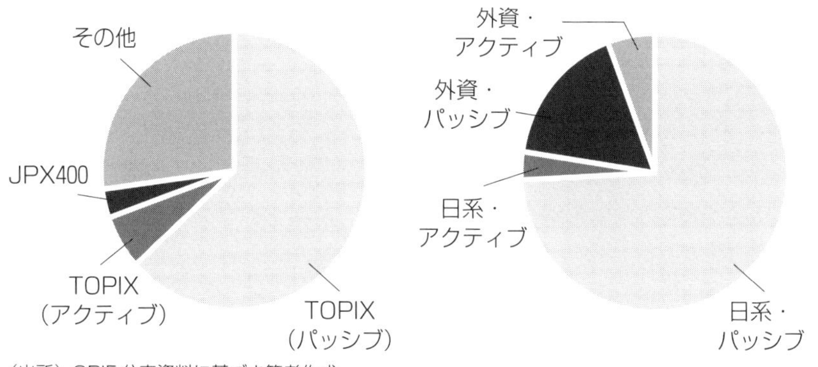

（出所）GPIF 公表資料に基づき筆者作成

同様に海外の大手アセット・オーナーについて，アニュアルレポートから日本株の投資配分を見てみる。

16　https://www.gpif.go.jp/operation/annual_report_2019_q4_jp2.pdf

① ノルウェー政府年金基金（Government Pension Fund）はノルウェーの年金基金，外貨準備，石油基金を運用する世界第2位の年金基金で，2020年6月時点で総資産約130兆円と，アセット・オーナーとしても世界第2の規模を有する。Norges Bank Investment Management（NBIM）が運営管理している。2019年のアニュアルレポート[17]によれば，株式には71%を投資しており，うち先進国株式が89%で，新興国株式が11%を占める。日本株には8.8%の投資を行っており，先進国株式として管理されていることが示されている。なお，NBIMによる運用資産の開示は非常に詳細で多岐にわたっている。ウェブサイト[18]では日本の上場企業1,500社超に投資していることが開示されており，すべての銘柄についてヒストリカルでの保有金額，議決権行使の状況を確認することができる。

② 中国投資有限責任公司（China Investment Corporation：CIC）は，世界最大のソブリンウェルスファンドであり，世界第3位のアセット・オーナーである。アニュアルレポート[19]での開示は，上場株に38.9%（2019/12末）を投資していること，全資産で見た場合に米国以外の先進国に32.7%を投資していること等にとどまる。

③ アブダビ投資庁（Abu Dhabi Investment Authority：ADIA）は，世界第2位のソブリンウェルスファンドで世界第4位のアセット・オーナーである。アニュアルレポート[20]によれば，株式の配分はレンジでの開示となっており，先進国が32～42%，新興国が10～20%，小型株が1～5%とされている。また，地域別の配分（全資産ベース）については，先進国アジアが10～20%の配分となっている。筆者が中東ソブリンウェルスファンドの資産を運用していた際にも大型株と中小型株では資金配分の枠が異なることを示唆された記憶がある。なお，最近の報道によれば，日本株のインハウス運用チームを解散し，外部の運用機関によるパッシブ運用のみにシフトしたとされている。

④ シンガポール政府投資公社（GIC Private Limited）は世界第7位のソブリンウェルスファンドで，アセット・オーナーとしても世界12位の規模である。同公社のアニュアルレポート[21]によれば，先進国株式が15%，新興国株

17 https://www.nbim.no/contentassets/3d447c795db84a18b54df8dd87d3b60e/spu_annual_report_2019_en_web.pdf
18 https://www.nbim.no/en/the-fund/holdings/holdings-as-at-31.12.2019/
19 http://www.china-inv.cn/chinainven/xhtml/Media/2019EN.pdf
20 https://www.adia.ae/En/pr/2018/
21 https://www.gic.com.sg/wp-content/uploads/2020/07/GIC-Report-2019-20-1.pdf

式が15%（2020年3月末）の投資比率となっている。全資産について見た場合の日本への配分は13%となっているが，日本株への投資比率は不明である。アジアの機関投資家はアジア株の中で日本株を評価することが多いといわれるが，GICについては先進国株式として配分していると見られる。

⑤　米国のカリフォルニア州職員退職年金基金（CalPERS：California Public Employees' Retirement System，以下「カルパース」という）は，年金資産約40兆円を有する世界第6位の公的年金で，アセット・オーナーとしても世界13位の規模である。同基金のアニュアルレポート[22]を見ると，上場株式の資産配分の目標としては，グローバル株式しか存在しないことがわかる。米国の機関投資家による日本株投資がグローバル株式運用の中での個別銘柄選択であるといわれることを裏づけるものと考えられる。なお，グローバル株式の内訳として，国内株と国際株，通貨別・資産別の開示がなされており，日本の上場株式を148.5億米ドル（2019年6月末）保有していることが示されている。

前述した順張り（トレンドフォロワー）型の海外投資家の中心は，インデックス運用などを主体とするファンド（ポートフォリオ）を通じて日本への投資を行う投資家と見られるが，筆者の経験に加え，JPXの開示する地域別の海外投資家の日本株売買動向，主要なアセット・オーナーの特性を考慮すると，比較的精緻なカントリーアロケーションを行う欧州の投資家がトレンドフォロワーに該当すると考えられる。

2012年以降のTOPIXと海外投資家の日本株売買の推移（**【図表1－19】**）を見ると，当初は，北米，アジア，欧州がそろって日本株への投資を増やす動きが観察された。しかし，2013年以降，北米，アジアの投資家の日本株ポジションに大きな変化が見られなくなり，主に欧州の投資家が日本株の組み入れ比率を動かす投資主体になっていったことがわかる。

海外投資家が日本株を買い越すと株価が上がり，売り越すと株価が下がるといわれるが，2013年以降の日本株について変動を作り出していたのは欧州投資家の売買動向の変化だった。そして，欧州投資家は，米国株に対して日本株の

22　https://www.calpers.ca.gov/docs/forms-publications/cafr-2019.pdf

【図表1－19】地域別の海外投資家売買動向

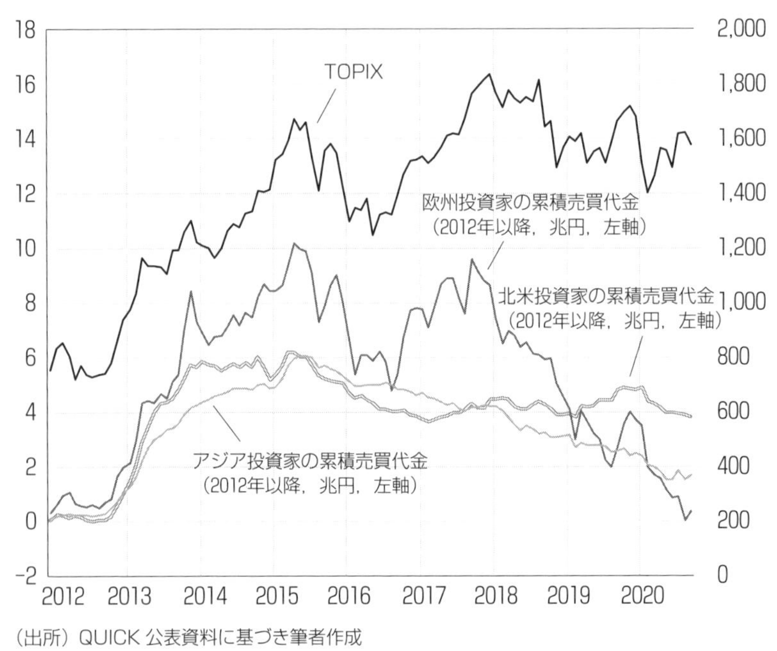

（出所）QUICK 公表資料に基づき筆者作成

パフォーマンスが強ければ，その後日本株を買い増し，パフォーマンスが弱ければその後売りを出すという投資行動を行っていたと推測される（**【図表1－20】**）。

(3)　インデックス（ベンチマーク）の違い

①　日本でメジャーなTOPIXも世界ではマイナー

国内株式投資の一環で日本株に投資を行う日本の機関投資家の大部分が使用する日本株インデックス（ベンチマーク）はTOPIXであるが，グローバル株式運用の一環として日本株投資を行う多くの海外投資家が使用するのは，主にMSCI指数（MSCI Index）[23]かFTSE全世界指数（FTSE All-World Index）[24]と

23　米国に本拠を置くMSCIの算出する株価指数で，グローバル証券投資のパフォーマンス測定のために利用される。
24　英国に本拠を置くFTSE Russellが提供するグローバル投資家向け指数。

【図表１－20】欧州投資家の日本株累積売買と日本株の対米国株パフォーマンス

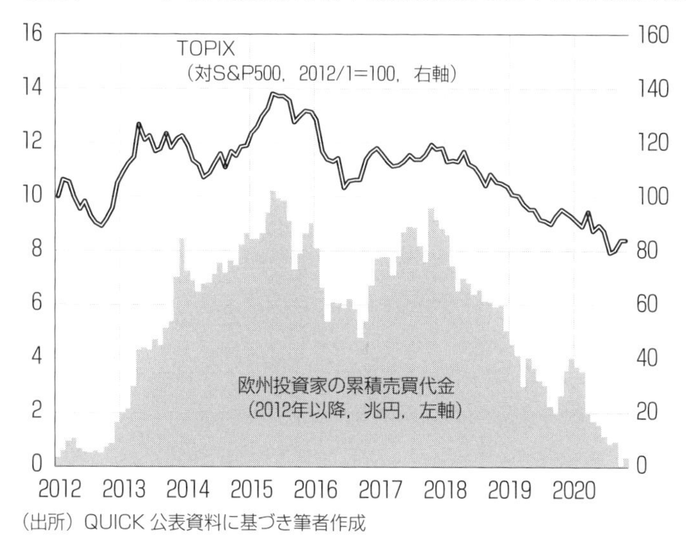

（出所）QUICK 公表資料に基づき筆者作成

考えられる。もちろん，日本の運用会社が海外投資家の資金を受託する場合においてTOPIXをベンチマークとして使用することもあるだろうが，海外のアセット・オーナーの資金を預かって運用を行う海外の運用会社がTOPIXをベンチマークとして使用するのは一般的でないと考えられる。なぜならば，日本の機関投資家にとっての日本株は独立したアセットクラス[25]だが，海外投資家にとっての日本株は，グローバル株式もしくは先進国株式，アジア株式の一部分という位置づけになるためである。したがって，グローバルなインデックスプロバイダーが提供する指数を使用するのがポートフォリオの運用や管理，分析を行う上で効率的であり，TOPIXを選択する理由はほとんどないと考えられる。実際，筆者が過去に勤務していた投資顧問会社の英国拠点においては，グローバル株式運用戦略における日本株の投資対象銘柄はMSCI指数への採用を条件としていた。その理由は，ポートフォリオ分析のためのデータベース（ベータ，

25　通貨や資産の種類で投資対象を分類したもの。例えば，国内株，外国株，国内債券，外国債券，代替投資（オルタナティブ：不動産や商品，ヘッジファンド等が含まれる）といった分類を指す。

海外経済感応度や金利感応度といった経済・金融指標への感応度等)[26]について MSCI 採用銘柄しか保有しておらず，MSCI 指数の非採用銘柄については分析が行えないためであった。

海外投資家向けに IR 活動を行おうとする場合，グローバル投資家のベンチマークである MSCI 指数もしくは FTSE 全世界指数への採用の有無によって，自社を投資対象とする投資家層が変わってくる可能性がある点には留意しておきたい。つまり，グローバルな指数の構成銘柄として採用されている場合には，大部分のグローバル株式投資家が自社を投資対象企業として認識してくれる。一方，そうでない場合は，専門のチームを抱える日本株運用で定評のある運用会社（日本に運用拠点を抱えている場合は概ねこれに該当すると思われる）や，情報開示・運用制約等の規制が緩いヘッジファンド等が IR 活動を行う主な海外機関投資家になると考えられる。

②　ベンチマークとしての TOPIX への不満

グローバル投資家が TOPIX を重視しないのには他の理由もある。MSCI や FTSE は，主に時価総額上位の銘柄，つまり，大部分の機関投資家がポートフォリオを構築する上で支障がないと思われる銘柄から構成されており，運用目標にふさわしい指数であるとグローバル投資家を中心に利用されている。一方，TOPIX は東証一部に上場する銘柄を時価総額で加重平均した指数であるが，流動性や時価総額の観点からグローバル投資家の資産運用にあたって投資対象になり得ない銘柄が多く含まれており，運用目標として使用するのはふさわしくないとみなされているためである。

筆者は，東京証券取引所の新規上場ルール等についての改革を検討する，いわゆる東証市場改革において，市場関係者の１人として取引所の担当者と意見交換を行ったことがある。東証一部上場の中小型株を発掘することを強みとしていたファンドマネージャーの立場からみると，TOPIX は大型株から中小型

26　運用資産のリスク管理を行うために使用される。個別銘柄ごとに過去の株価の値動き等から試算される複数のリスク指標がデータベースとして格納されており，ポートフォリオ全体としてのリスク値を様々な角度から算出することができる。

株までが含まれる銘柄選択の余地が非常に大きい指数であり，大幅に見直す必要があるとは思われなかった。中小型株がTOPIXから除外されることによる運用への影響に関心を持ち意見交換の場に参加したのだが，運用資産規模が桁違いに大きいグローバル資産運用会社に所属する参加者からの，実際に投資することのない銘柄が半数以上（銘柄数ベース）を占めるTOPIXは使いにくいので，銘柄の選択方法を見直す必要があるとの主張が強く記憶に残っている。東京証券取引所「市場構造の在り方等に関する市場関係者からのご意見の概要」（2019年３月）においても，「市場第一部上場企業の「数」が多いこと自体は問題ではなく，収益，時価総額，流動性，経営体制・ガバナンス，情報開示などが低水準な企業が多数含まれていることが問題である」といった厳しい意見が出されている。【図表１－21】【図表１－22】に市場関係者の意見を東京証券取引所の資料より引用しているので参考にされたいが，時価総額の基準等について，100億円，250億円が妥当というコメントは激変を望まない国内関係者のもので，500億円，1,000億円というのが海外投資家の目線と思われる。

日本では東証一部上場企業であるということが投資基準を満たすという意味を持つが，グローバル投資家にとっては，それ自体がさほど重要な点ではないということを意識する必要がある。

【図表１－21】市場関係者による上場会社の流動性に関する意見（抜粋）

【ステップアップ先市場のコンセプトに関する提案】

h．流動性等（42件）

○浮動株調整後時価総額や流通量（１日当たりの平均売買高）を考慮するのが良い

○政策保有株式として保有されている，あるいは，持ち合い先に保有されている株式は除外して，流動性要件を判断することが考えられる

○時価総額に代えて，流動性基準を用いて，非常に流動性の低い市場第一部上場銘柄を他の市場に移行させてはどうか（過去１年の日次平均出来高が2,500万円未満の場合又は市場の出来高中央値を10%以上下回る場合は移

行といったことが考えられる）
○浮動株比率の計算については，現行の取引所の手法より厳密なものとし，株主名簿に基づいていわゆる安定株主（親会社，政策保有株主，会社関係者持分など）を完全に除外すべき
○機関投資家の観点からは，売りたい時に売れるかどうかが重要（時価総額というより，流動性を重視）
○ステップアップ先の市場には，国内外の機関投資家の投資対象及び上場会社の企業価値向上の動機付けに資する時価総額や流通株式比率を求めることが重要
○グローバルな機関投資家の売買の増加，ETF，インデックスファンドの大型化などを考えると，一定の定量基準（時価総額，流動株式数，売買高など）の設定が望ましい
○ステップアップ先の市場にて，求められる基準・義務はガバナンス向上や企業価値創造のインセンティブとなるようなものであるべきだが，基本は時価総額だろう
○企業価値（時価総額）の維持向上をより積極的に動機付けるべき
○ステップアップ先の市場の上場企業は，時価総額が一番重要であり，業績が良ければなおよいが，市場における企業の時価総額は業績に係る評価を含むため，時価総額が一定水準以上の企業，すなわちステップアップ先の市場の上位企業と同等の時価総額を有する企業には，業績等を緩和して評価すべき
○世界の主要なプレミアム市場と同等の上場企業数を有し，より大きな時価総額及び洗練されたコーポレートガバナンス体制を有する優れたグローバル企業向けの市場へと見直すようなことが考えられる
○時価総額のみでシンプルに見直すことが考えられる

（下線は筆者）

（出所）東京証券取引所「市場構造の在り方等に関する市場関係者からのご意見の概要」（2019年3月）

【図表1－22】市場関係者による上場会社の時価総額に関する意見（抜粋）

【ステップアップ先市場のコンセプトに関する提案】
ⅰ．時価総額（56件）
○見直しによるインパクトの小さい，例えば，時価総額100億円といった水準を採用するアイディアは妥当，パッシブ運用サイドとしては時価総額100億

円未満の銘柄が除かれることは歓迎するのではないか
○インデックス運用の立場からは，浮動株調整後の時価総額が極端に小さい会社については，市場第一部としての投資対象から除外されることが望ましく，例えば，時価総額100億円未満の銘柄が除かれるイメージが望ましい
○時価総額基準については，100億円以上など，見直しによる影響がほとんどない程度の水準への引き上げがいいだろう
○流動性などの水準感としては，250億円は一ついいベンチマーク
○時価総額500億円だと，ベンチャーの会社が目指す動機付けにはならないかもしれないため，250億円くらいが適当
○投資対象としては時価総額250億円以上が目安であり，経験上，複数のファンドが投資対象とし得る最低限の水準である
○グローバルな市場として，国際会計基準に則り，直前売上高100億円以上，外国人株式比率30%以上，時価総額250億円以上等の基準を設けることが考えられる
○時価総額基準は250億円以上とすることがいいのではないか
○時価総額の基準は100億円を先ずは発射台の基準とし，段階的に基準金額を250億円以上に引き上げていくことが考えられる
○直接市場第一部上場基準と同様の250億円という水準は十分に考え得る水準
○例えば１兆円のポートフォリオに対して，時価総額250億円未満の水準の銘柄については，市場ポートフォリオとして含めている意味はない
○アナリストカバーが行えるくらいの会社（時価総額500億円）は必要
○機関投資家が安心して投資できる市場という観点で言えば，時価総額500億円が目安になるのではないか
○1,000億円以上とすることは過激なため，500億円がより妥当
○市場第一部は大企業が上場する市場というイメージからすれば，時価総額500億円以上という水準は選択肢の一つである
○「市場第一部」で上場基準を維持できる時価総額の基準を，現行の20億円から500億円に引き上げることを提案
○<u>エンゲージメントの対象は，パフォーマンスにインパクトがあるような先となり，具体的には時価総額1,000億円以上の企業が目安</u>
○<u>海外の機関投資家（アクティブ）が，日本において，小型株（1,000億円以下）運用を行うことは基本的にない</u>
○時価総額1,000億円はユニコーンの育成という観点から適切ではないか

○ステップアップの最終目標を時価総額1,000億円超のエクセレント市場としてはどうか
○ガバナンス向上や企業価値創造のインセンティブとなるような時価総額の基準としては，1,000億円以上（又は時価総額500億円以上かつ ROE10%以上という水準が考えられる）
○証券市場の成長，安定に貢献する用意がある企業の選別を中長期的に徹底していくことで質を高めることが望ましく，時価総額などでの銘柄数の絞り込みは適切ではない
○少しばかり時価総額の大きな企業を市場第一部銘柄として選ぶのではなく，国際的に大規模な企業が生まれる仕組み作りが先決
○上場会社の企業価値向上は，取引所の市場区分などではなく，企業（と投資家）に委ねられるべきであり，時価総額の基準だけ引き上げることは本質的な解決にならない
○企業価値を正しく判断するためには，少なくとも時価総額のみを市場構造の区分基準とすることは適切でない
○時価総額のみを基準とするのには問題であるため，時価総額・流通性・(公開性)，ガ バナンス・内部管理体制などを総合的に判断すべきで，そのためには，ガバナンス・内部管理体制など，より一層の非財務情報の開示が求められる

（下線は筆者。筆者注：文中のユニコーンとは評価額が10億米ドル以上で株式を公開していないスタートアップ企業のことで，創業10年以内のテクノロジー企業であることが条件とされる）
（出所）東京証券取引所「市場構造の在り方等に関する市場関係者からのご意見の概要」（2019年3月）

(4)　業種分類の違い

日本では主に東証33業種が使用されているが，海外では GICS（Global Industry Classification Standard）の11セクターで管理されるケースが大宗を占めると見られる。

日本の業種分類は，何から作られているのか，何を使ってサービスを提供しているのかという，売り手側（供給サイド）を基準とした分類が行われていると見られる一方，GICS 分類は，誰に売っているのか，どのような使い方をされるのかという，買い手側（需要サイド）からの分類になっていると見られるのが特徴である。例えば，東証33業種で化学に分類される花王やライオン，ユ

ニチャームといった日用品メーカーは，GICSでConsumer Staples（生活必需品）に分類される。日本の業種分類では，化学を用いてシャンプーや洗剤，紙おむつを製造する企業という点に注目するが，GICSでは，消費者にとっての生活必需品を供給する企業という点に注目する。同様に，東証33業種では，建設や機械，電気機器等に分類されているゼネコンや産業機械，産業用電気機器の多くがIndustrials（資本財・サービス）に分類される。

筆者が国内生保系の投信投資顧問でファンドマネージャーに従事していた際，運用会社（筆者）はTOPIXをベンチマークとし，東証33業種でポートフォリオのウェイト管理を行っていたのに対し，顧客である海外投資家は海外の提携先が作成した月次の運用報告資料に記載されたGICSセクター比率を見ていたという状況が存在した。平時であれば大きな問題にはならないが，外部環境の悪化により業績・株価が悪化する際に，わずかな認識の違いやズレが不信感につながることがあるため注意が必要である。

【図表1－23】GICS分類と東証33業種の違い

GICS分類	東証33業種		
Energy　エネルギー	水産・農林業	鉱業	建設業
Materials　素材	食料品	繊維製品	パルプ・紙
Industrials　資本財・サービス	化学	医薬品	石油・石炭製品
Consumer Discretionary　一般消費材・サービス	ゴム製品	ガラス・土石製品	鉄鋼
Consumer Staples　生活必需品	非鉄金属	金属製品	機械
Health Care　ヘルスケア	電気機器	輸送用機器	精密機器
Financials　金融	その他製品	電気・ガス業	陸運業
Information Technology　情報技術	海運業	空運業	倉庫・運輸関連業
Communication Services　電気通信サービス	情報・通信業	卸売業	小売業
Utilities　公益事業	銀行業	証券，商品先物取引業	保険業
Real Estate　不動産	その他金融業	不動産業	サービス業

（出所）MSCI，S&Pダウ・ジョーンズ・インデックス，日本取引所グループ公表資料に基づき筆者作成

日本企業の中には，国内同業内でのシェアや同業内で高い成長を遂げているといった点にフォーカスしたページをIR資料内に用意するようなケースが見られる。日本に詳しい運用会社に対する説明であれば通用するかもしれないが，グローバル企業の中から成長著しい企業を探そうとしている海外投資家にとって，少子高齢化という構造的な問題を抱える日本市場の中で相対的に頑張っているという評価は基本的に行われないと考えておくべきである。

東京証券取引所「市場構造の在り方等に関する市場関係者からのご意見の概要」（2019年3月）においても，現在の東京証券取引所市場一部に関して，「市場一部の現状として玉石混淆である点が問題」，「時価総額300億円未満の企業群は，ガバナンスに対する認識が明らかに低い傾向がある」，「低いROEや脆弱なコーポレート・ガバナンスの企業は，世界規模での投資機会を追求する洗練された海外投資家の投資ユニバースからは除外されるため，市場第一部が，真に高品質な投資機会を求める投資家の関心を減じていることが懸念される」といった厳しい指摘がなされている。上場企業に求められる情報開示についての詳細は第2章で述べるが，グローバル投資家を相手にIR活動を行うということは，例えば，サービスや製品が景気循環に左右される企業であれば，景気のダウンサイクルにおいても世界市場における自社のポジションを高める取組みを行っているのかという点を明確にアピールする必要があるだろうし，例えば，相対的に景気循環との連動性が小さい企業であれば，自社の製品やサービスが成長市場，地域にアクセスできており，中長期的に企業としての成長余地が高いということを明確に打ち出しておく必要があると考えられる。

コラム

メジャーリーグ移籍と海外指数への採用は似ている？

MSCI や FTSE といったグローバルな株価指数に採用されるのは，日本で大活躍をしたプロ野球選手が米国のメジャーリーグへ移籍するのと似ているように感じられる。筆者の専門は日本株市場の分析でありプロスポーツではないが，例えば，世界最大の競技人口を誇るといわれるサッカーでは，欧州プロリーグへの移籍が成功の入口ではあるものの，世界的なプレーヤーになるためには，スペイン，イタリア，ドイツ，イングランドといった主要リーグへの移籍，さらにはトップクラブといわれるチームと契約し，レギュラーメンバーとして活躍する必要がある。一方，競技人口がサッカーほど多くはないからでもあるが，野球の世界では，日本のプロ野球（NPB）の１つ上が世界最高峰の米メジャーリーグ（MLB）という位置づけになるため，MLB で数年間活躍できれば世界的なプレーヤーとしての名声を得ることができる。

翻って上場企業について考えてみると，グローバルな株価指数に選ばれるために必要となるのは，浮動株時価総額と流動性（売買代金）であるため，シンプルに言えば株価が上昇すれば世界の投資家が関心を持つ企業に近づくということである。MSCI 指数に採用されている日本企業は320社（2020年９月末）である。グローバル投資家の投資対象になるということは，グローバルカンパニーとしてのものさしが適用されるということである，経営は否応なくレベルアップすることが要求されるが，その先には横並び主義では見えなかった世界が広がるはずである。日本株の分析に携わる立場として，１社でも多くのグローバルカンパニーが生まれることを願ってやまない。

⑸　言語の違い（英文開示への対応）

言語の違いは，海外投資家が日本企業への投資を検討する際の大きな障壁になっているということを認識しておきたい。筆者はファンドマネージャーとしてバリュースタイルの日本株アクティブ運用を顧客へ提供していたことは既述のとおりだが，中でも主に東証一部上場の中小型銘柄（TOPIX100以外の銘柄）の発掘・投資を超過リターンの源泉としていた。海外投資家に限らず，機関投資家が外部のマネージャーへ資金を預ける際に説明を求める項目の中に，パフォーマンスの「再現性」（過去の運用成果につながった投資手法が将来においても再現することが可能であるかを説明するもの）がある。資産運用会社は，過去パフォーマンスが優れていた運用戦略を顧客へ売り込みに行くのだが，運用業界において，過去のパフォーマンスは将来の運用成果を約束するものではないというのが共通認識となっているためである。筆者は，再現性の説明を求められた際に，中小型株は大型株に比べてアナリストのカバーが少ないため情報の効率性が低いということ，中小型株でもグロースの分野は人気が高いもののバリューの分野は競争が激しくないということ，そして，そのような分野においては日本語でコンタクトできる日本拠点のファンドマネージャーであることが重要と回答し，海外投資家の理解を得ていた。

実際，日本企業の英文情報開示は遅れており，例えば，株主総会招集通知において議案等を部分英訳している企業は，三井住友信託銀行「ガバナンスサーベイ2020」によると28％である一方，招集通知全文を英訳している企業は12％にとどまっている。一般的に中小型株といわれるエリアにおいては海外投資家がアクセスする際に高いハードルがあることを示している。東京証券取引所「市場構造の在り方等に関する市場関係者からのご意見の概要」（2019年３月）においても，ステップアップ先市場（新しい基準での東証一部）のコンセプトに関する提案において，「多様な投資家とのコミュニケーションを深め，国際的な比較可能性を確保する観点から，英文開示等の開示の充実を求めることが適切」といった意見がなされている。

【図表１－24】市場関係者による上場会社に対する英文開示に関する意見

【ステップアップ先市場のコンセプトに関する提案】
（c）英文開示
○多様な投資家とのコミュニケーションを深め，国際的な比較可能性を確保する観点から，英文開示等の開示の充実を求めることが適切
○情報開示の面において，より厳格な基準を適用されることが望ましい（例えば英文開示の奨励など）
○発行体として海外機関投資家への情報発信と魅力発信の観点から，英文開示の義務付け（能力と意欲）を基準とするほうが時価総額を基準とするよりよいのではないか
○海外投資家への情報の透明性のため，十分な英文開示が求められる
○市場第一部上場企業だけでもすべての開示情報について英文開示の義務化すべき（英文開示を行う企業しか投資しない方針の投資ファンドからの投資拡大が期待される）
○市場の国際競争力を高めることが目的なのであれば，基準変更より，例えば市場第一部上場企業のみだけでも英語での情報発信を進めるべき
○英文での情報開示は投資判断上，重要。
○英文での完全なる同時開示が求められる。

（出所）東京証券取引所「市場構造の在り方等に関する市場関係者からのご意見の概要」（2019年３月）

(6)　時差への対応

多くの上場企業の決算発表は市場での取引が終了する午後３時以降に行われるが，一部企業は取引時間中に決算発表を実施している。米国や欧州に運用拠点を有する資産運用会社は，日本時間の午後３時以降に発表される決算情報については翌日の日本市場での売買に反映させることが可能となるが，午前３時以前の決算情報（いわゆる場中決算）については，時差の関係から，前場[27]中の発表であれば特に欧州投資家にとって不公平となり，後場[28]中の発表であれば特に北米投資家にとって不公平なものとなることに注意が必要である。一部

27　午前の取引時間（9：00～11：30）。
28　午後の取引時間（12：30～15：00）。

の上場企業で，北米投資家からの要請を受けたと見られる対応をとり，午前9時に決算発表を行う動きがあるものの，日本の朝は欧州時間では未明に当たるということを勘案すると，市場での取引が終了する午後3時以降に決算発表等の情報開示を行うのがすべての投資家，株主に対する公平な対応といえるのではないだろうか。

5　新型コロナウイルス流行後の変化と今後の展望

(1)　新型コロナウイルス流行後の変化

世界の大手年金基金や大手資産運用会社からなる国際コーポレート・ガバナンス・ネットワーク（ICGN：International Corporate Governance Network）[29]は，2020年4月，新型コロナウイルス蔓延下でのガバナンスの優先課題について声明を発表した。企業に対しては，すべての職員の健康と福利を確保するために，従業員を公平に扱うべきであるとし，特に社会保障の脆弱な国において人員削減を避けるべきであると提言している。また，男性と比較してパートタイムや低所得のポジションに就いていることから人員削減の筆頭と考えられている女性労働者に対する配慮を推奨している。配当については，新型コロナウイルス蔓延の影響を深刻に受けた企業にとって大幅な減額または停止を必要とする場合があるとしている。投資家に対しては，長期的な持続可能性に注目し，短期的な時価の下落や配当支払の引下げを受け入れるよう説いている。一方で，年金生活者や長期貯蓄者の生活を支えるために，企業が長期的な財務の安定性を損なうことなく配当を支払うことができるのであれば，続けるべきであるとしている。さらには，目の前のリスクである新型コロナウイルス感染症への対応としての経済対策と脱炭素化の取組みが同時に管理されるべきとの見方を提示している。

29　1995年に設立されたコーポレート・ガバナンス改善や推進を目的とした民間非営利団体。

【図表1－25】ICGNの共同ガバナンス責任に関する声明

企業にとってのガバナンスの優先順位

1．社会的責任－企業は，正社員も派遣社員も含め，すべての職員の健康と福利を確保するために，従業員を公平に扱うべきである。可能な場合には，特に社会保障が脆弱，又は存在しない国において，人員削減を避けるべきである。有給の疾病休暇は，離職労働者への医療給付と共に提供されるべきである。男性と比較してパートタイムや低所得のポジションに就いており，多くの場合，人員削減の筆頭と考えられている女性労働者に対する配慮を推奨する。多くの場合，こうしたポジションに従事する人々は，Covid-19との闘いの最前線に立たされてきた。

2．役員報酬－役員報酬の方針は，特に従業員の人員削減，一時解雇プログラム，給与または賞与の削減に関する従業員全体への施策を反映したものでなければならない。この危機の間にうまく業績をあげたマネジャーについてさえ，企業の長期的な財務の健全性を維持することがボーナス支給よりも優先されなければならない。報酬政策は，財務的犠牲を適切に分担した上で，上級役員の管理職と通常の職員との公平な処置を求めるべきである。

3．配当－感染症蔓延の影響を深刻に受けた企業にとっては，配当の支払いは大幅な減額または全面的な停止を必要とする場合がある。これは，特に企業の収入が減少し，財務の安定性が脅かされ，その結果，従業員，納入業者及びその他の利害関係者に影響が及ぶ場合には特に深刻である。配当に対する慎重なアプローチが期待される一方で，一般の年金生活者や長期貯蓄者の生活を支えるための配当支払いの重要性は過小評価されるべきではない。企業が長期的な財務の安定性を損なうことなく配当を支払うことができれば，そうし続けるべきである。

4．資本調達－いくつかの会社は，事業を維持するために今後数ヶ月の間に追加資本を調達する必要があるだろう。英国のプリエンプション・グループは最近，投資家に，現在推奨されている10%の上限から20%の希薄化をもたらす可能性のある株式発行を支持するよう促す通知を発信した。ICGNは，株式保有による希薄化を最小限に抑えるために，いかなる新規の資本調達も既存株主に優先して提示されることを選好するが，資本調達のより効率的なアプローチを可能にする規制上の努力を支持している。

5．年次総会および取締役選挙－多くの企業は，Covid-19蔓延の間の実際の総会の代わりに，バーチャルな株主総会を開催している。私たちは仮想的な環境では企業と投資家の対話がより困難になる可能性が高いことを踏まえ，企業が投資家と対話し，質問に適切に対応されることを推奨している。投資家は，この危機の間，乗り切るための取締役の能力についての確証を求めるだろう。そのためには，企業の事業や長期戦略に精通している必要があり，この困難な時期に安定性をもたらすために，取締役の在任期間の小幅な延長を求めるかもしれない。

6．企業報告－世界中の規制当局は，企業が年次報告書や決算書を作成し，回復力や継続企業の前提に関する監査人からの問い合わせに対応するための期限を延長している。投資家－そして監査人－は，キャッシュフロー計算書，リスクシナリオ計画，資本配分方針にさらに注目している。持続可能な価値創造を補完するものとしての回復力を示すことは，新たな優先課題であり，企業は，Covid-19蔓延への対処方法を，できれば年次報告書で公表することが推奨される。

投資家にとってのガバナンスの優先順位

1．長期的な視点－投資家は受託者責任を指針として，コーポレート・ガバナンスに関する長期的なシステミックな視点をとるべきである。ICGNのメンバーの多くは，年金基金やその他の形の長期貯蓄の顧客や受益者にサービスを提供する機関投資家である。短期的な投資リターンの低下は痛みを伴うものの，投資家は，危機の期間を通じて金融の安定性を守るために，時価評価や配当支払いの引き下げを受け入れ，個々の企業，金融市場そして経済の長期的な持続可能性に注目すべきである。

2．気候変動－我々は，Covid-19が目前のリスクであり，優先すべきであることを理解しているが，株主は，企業が気候変動の影響をビジネスモデルやリスク管理システムにどのように組み込んでいるかについて取締役会に対話し続け，企業が適切に認識，監視，管理していることを確保すべきである。気温の上昇が地球の温暖化に与える影響をリアルタイムで経験することにより，これらのリスクは予測可能かつ測定可能なものとなる。Covid-19と気候変動は，システミックな危機の衝突の様相を呈しているが，世界経済を再活性化し，脱炭素化するために同時に管理されるべきである。システミックな脅威の両方のマイナスの影響を緩和するために現在とられている行動は，将来世代が経験する影響の大きさを実質的に減少させるであろう。

3. 資本配分－投資家は，企業自身の財政状態，経営成績およびビジネスモデルを反映した長期的な戦略的文脈において資本配分の決定がなされることを期待すべきである。そのためには，会社の財務の健全性と支払能力を確保しつつ，利害関係者の利益と資本提供者のニーズを考慮する必要がある。投資家は，企業がさらなる混乱に対するバッファーを確保するためにバランスシートを強化することによって，予防策を講じたいと考えるかもしれないことを理解している。また，投資家はリスクを綿密に評価し，資本配分の問題に対する持続可能なアプローチについて企業と対話することを期待する。
4. 空売り－資本市場の効果的な機能をサポートすることは，すべての投資家の利益にかなう。空売りや高頻度売買（HFT）は，市場の信頼を損なう可能性がある。我々は，市場の変動の増大から利益を得ようとする投資家に対し，金融市場の安定を確保するのに役立つよう責任を持って行うことを奨励する。ICGN は，投資家に対し，ネットのショート・ポジションが当該企業の発行済株式資本のこれまでの要件である0.2%を下回った0.1%に達したか，またはそれを超えた場合には，その国の所轄当局に通知するよう求める欧州証券市場監督局の決定を支持している。
5. 包括的なモニタリング－投資家は，企業に対して柔軟性と支援を示すべきであるが，コーポレート・ガバナンス基準からの重大な逸脱についてはモニタリングを行うべきである。企業は，個々の状況，財務実績，長期的な可能性に応じて評価されるべきである。現在の危機によって困難に直面している企業は，特に，価値が失われるリスクがある場合や，株主との対話によって大きな長期的価値を付加する機会がある場合に，優先順位をつけるべきである。
6. 持続可能性－投資家は，企業の長期的な業績と持続可能な成功を促進し，重要な環境，社会，ガバナンスの要因を投資の意思決定並びに対話活動に統合すべきである。企業との対話は，危機時の優先課題（例えば，資本配分）に焦点を当てるべきであるが，投資家は，企業の長期的な展望に影響を与え，システミック・リスクを引き起こす持続可能性や重要な利害関係者の問題を優先し続けるべきである。

（下線は筆者）

（出所）国際コーポレート・ガバナンス・ネットワーク

ICGNの声明からは，危機下においても，弱者保護，女性重視，気候変動への対応といったESGにおけるE（環境：Environment）とS（社会：Society）を重視する姿勢が見えてくる。同様に，アクティビストの主張がESGのG（ガバナンス：Governance）からEやSに拡がってきていることには留意が必要と思われる。

2020年6月，複数の英文ニュースが，米大手アクティビストのバリューアクト（VAC：ValueAct Capital）の創業者であるジェフ・アッベン氏（Jeff Ubben）が，インクルーシブ・キャピタル・パートナーズ（ICP：Inclusive Capital Partners）を立ち上げるためにVACを去ることを発表したと報じている。報道によれば，20年前に開始したVACの運用手法（少数株主が投資先企業に役員を送り込み企業の内部から経営改革を行う手法）が，アクティビスト投資におけるリーダーの地位を確立し，経験豊富な人材が今後20年以上素晴らしい仕事を続けるだろうと確信したことで，新たな出発に適切な時期だと判断した模様である。アッベン氏はICPで，投資先企業の経営陣と協力し，気候変動や社会的不平等の解決を導くことで株主価値を生み出すという，まだ確立されていない投資戦略を行う方針と見られる。2018年にVACで立ち上げた，ValueAct Spring Fund（世界の環境および社会問題に対処するビジネスモデルに長期的な価値がもたらされることを実証するために設立）では，石油大手のBPや米電力会社AESへの投資も行っているようである。

アクティビスト投資は普通の投資家がアクティビストの主張に賛同することにより成立する。日本版スチュワードシップ・コードが導入されて，モノ言わぬ投資家だった多くの日本の機関投資家がモノを言わなければならなくなったことが最近のアクティビストの活発化の背景にあるというのは既述のとおりである。2020年3月に改訂された日本版スチュワードシップ・コードにおいてはESG要素が追加された。機関投資家はサステナビリティ（ESG要素を含む中長期的な持続可能性）の考慮に基づく建設的な「目的を持った対話」（エンゲージメント）などを通じて当該企業の企業価値の向上やその持続的成長を促すことが求められることになった。ガバナンス改革に続いてやってくるのはサステナビリティ改革となる可能性がある。アクティビストと言われる投資家の要求も長期投資家が反対し難い「環境」や「社会」の分野へと徐々に拡大していくことが予想される。

(2) 日本株市場の重要度

日本株市場の時価総額は世界株式の7％程度を占めている。過去から見れば低下傾向にあることは否定できないが，一国の時価総額としては米国，中国（本土と香港の合計）に次ぐ3位の地位にある。上場企業の時価総額と名目GDPの比率（いわゆるバフェット指標，時価総額÷名目GDPが1倍を超えると割高，下回ると割安と考える）を重視するのであれば，先進国株式の中で少子高齢化が重石となる日本株市場の魅力は高まらないと見ることもできようが，我々が生きているのは貿易や金融取引が一国内で完結する閉鎖経済ではなく，海外と金融貿易取引を行う開放経済である。したがって，上場企業のビジネスが日本にとどまらず，海外への展開が進むのであれば理論的には時価総額と名目GDPがバランスする必要はないといえる。

ここ数年，米国の一部IT企業を中心とする高成長株が高いパフォーマンスを上げた一方，米国以外の主要国の株価パフォーマンスは相対的に低調だった。その結果として，日本株市場からは海外投資家の資金流出が続いてきた。しかし，過去の動きを参考にすれば，米国株に対して関心が高まる動きは大きな循

【図表1－26】主要国の時価総額構成比

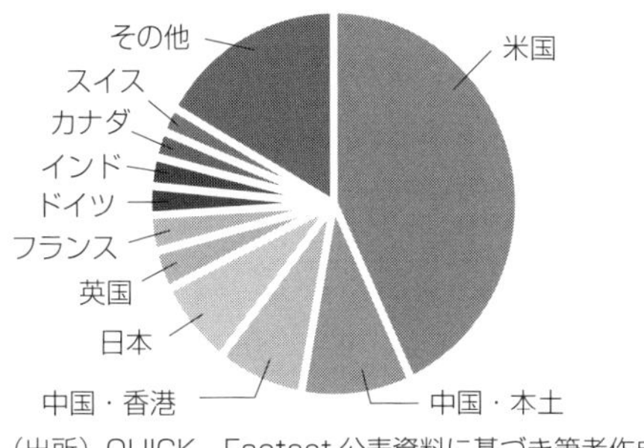

（出所）QUICK，Factset公表資料に基づき筆者作成

環の中で起きている事象と見ることもできるのではないだろうか。筆者は，世界の株式市場は，米国への注目が高まる10年間と米国以外の新興経済大国への注目が高まる10年間を繰り返してきたと考えている。1980年代は日本の時代（Japan as No.1），1990年代は米国の時代（.com boom），2000年代は中国の時代（資源爆食），そして2010年代は再び米国の時代（GAFAM）だったと見ている。したがって，循環的な観点を踏まえれば，米国株に一極集中してきた世界のマネーが米国外へと関心をシフトする可能性は十分にあり，一国の時価総額として世界第3位の地位にある日本株市場はその受け皿として機能する可能性があるのではないだろうか。

【図表1－27】世界名目GDP成長率と主要国の名目GDP構成比

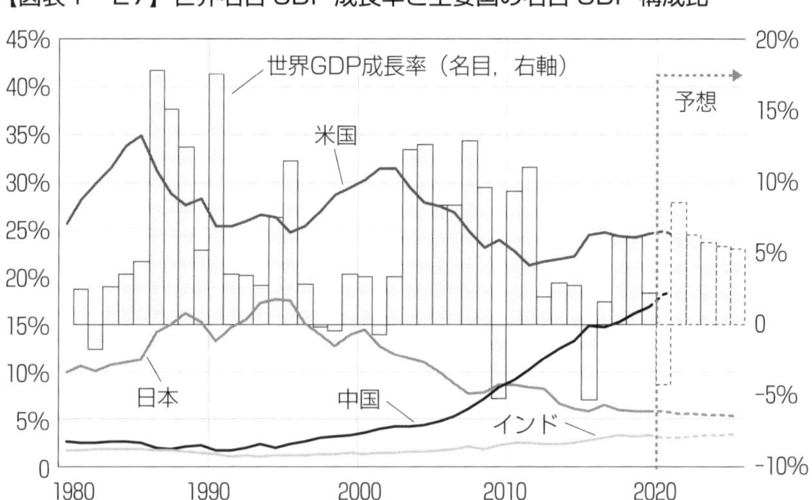

＊予想はIMF

（出所）QUICK，国際通貨基金（IMF）公表資料に基づき筆者作成

コラム

政権支持率と海外投資家

日本株の相場として最も大きかったのは1990年までの不動産バブルを背景とした相場だが，海外投資家が主導する日本株ブームとしては，2005～2006年の郵政解散，2012～2015年のアベノミクス相場などが挙げられる。メディアでは，高支持率の政権が発足すると，日本株ブームが来る，海外投資家は高い支持率の政権を好むといった論調で書き立てるが，実は政権の支持率と株価パフォーマンスの間に明確な関係は観察できない（史上最高といわれる支持率を背景に2001年４月に発足した小泉政権だが，発足後２年間は株価が下落基調だった）。筆者は，過去20年間の東証株価指数（TOPIX）と政権支持率の推移から，高い支持率が高い株価につながるというよりも，良好な経済や企業業績が高株価につながり，雇用を安定させ，その結果として政権が安定・長期化すると考えるほうが妥当と結論づけている。

2003年に日本株が下げ止まったのは，大手金融機関への公的資金投入で株式市場の重石となっていた信用不安が解消されたからだったと考えられる。また，2012年からの株価上昇は１ドル70円台に進行していた超円高の解消が重要な転機になったと見られ，新政権の発足と株価上昇の入口が重なったこともあるが，経済における不安要因が解消されることがブームの入口だったと考えられる。そのような過去のパターンを参考にすれば，世界経済における懸念要因となっている新型コロナウイルスに対する不安がいつ，どのように払拭されていくのかが最大の注目点になるだろう。日本においては，新型コロナウイルスの感染者や死者数は客観的に見てうまくコントロールされているように思われるが，政権支持率への反映は今ひとつのようにもみえる。支持率も株価も政策や企業業績の良し悪しだけでは決まらない。株式市場での人気が今ひとつ上がらないとお悩みのIR関係者は，支持率の高かった政治家の立ち振る舞いを参考にしてみるのも一考かもしれない。

第　章

海外投資家対応～投資家とのコミュニケーションの要諦

ブルームバーグ　ブルームバーグ・インテリジェンス　**若杉 政寛**

【本章のポイント】

- ☑ IR 部門の使命や存在意義を認識し，IR 活動の「軸」を持つことが重要。IR 部門は，自社の経営状況を資本市場に伝えるのと同時に，市場の声を経営陣に伝える必要がある。
- ☑決算説明会や IR ミーティングの前に，投資家と目線を合わせるために，経営陣と IR 担当者が議論の場を持つことが有効となる。自社の株価推移，アナリストのレーティング変化，市場コンセンサス，競合企業の決算，投資家の関心トピックなどを事前に理解することが重要。
- ☑投資家の投資プロセスを理解すれば，投資家の質問の意図がわかり的確な受け答えが可能となる。ファイナンス理論は世界共通で，海外投資家と国内投資家の投資意思決定プロセスには共通点が多い。
- ☑投資家は目標株価を，各自の予想 EPS ×株価収益率（PER）で算定し，投資評価を行う。EPS の正確な予想が運用成績に直結するので，投資家は EPS を正確に予想するための質問を行う。IR 担当者は，株価を動かす要因である「株価ドライバー」に関して理解することが望ましい。
- ☑投資家は，売上高や利益の「成長ストーリー」に関心が高い。成長ストーリーは，PER 拡大にもつながる場合がある。ESG や SDGs への取組みの重要性が高まっている。

1　IR 部門の使命・目的・役割

(1)　なぜ海外投資家向け IR 活動が必要か

ブラックロック，バンガード，フィデリティ・インベストメンツ，キャピタル・グループなど，世界に目を向けると運用資産規模が非常に大きな投資家が多数存在する。ウイリス・タワーズワトソンの調査によると，2018年の運用資産規模トップ25社はすべて海外の資産運用会社だ。東京証券取引所が公表している2019年株式売買代金を見ると，海外投資家が占める割合が東証一部では全体の60％，東証二部では42％，東証マザーズで35％，JASDAQ で38％となっている。投資家の数や運用資産額は日本国内より海外のほうが当然ながら多い。海外投資家を必要以上に大きな存在と考える必要はないが，上場企業が自社の魅力を正確に株式市場に伝え正当な評価を受けるには，海外投資家向け IR は必要不可欠といえよう。

本章では，IR 部門が実際に海外投資家と円滑なコミュニケーションを進める上で必要となる基本的な事項に関して言及している。IR 部門の使命，年間スケジュール，必要知識・スキル，コミュニケーションのポイントなどが含ま

【図表2－1】海外投資家の売買比率（2019年）

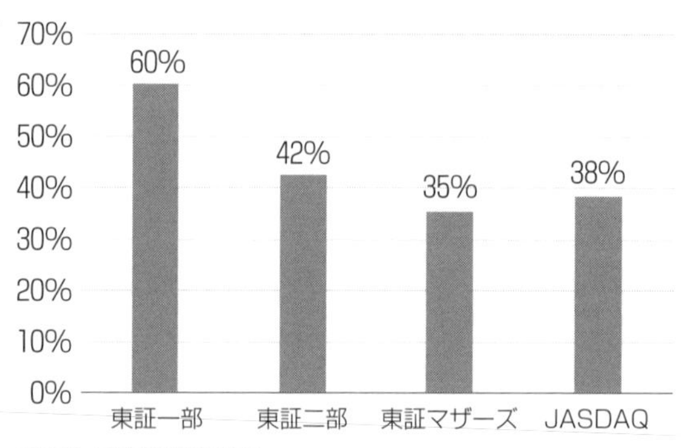

（出所）東京証券取引所

れる。海外投資家の投資プロセスや思考回路を理解することにより，彼らの真のニーズを的確に捉え，実際の IR 活動に役立てていただくことを目的としている。

(2) 株価が企業の実態を正確に反映していない場合に起こり得ること

企業が株式市場とのコミュニケーションがうまくとれておらず，実態より株価が低い水準で取引されている場合を考えてみる。結論としては，極端に低い株価がついている企業は，アクティビストが短期間に利益を得るための標的になりやすいと思われる。例えば，利益は出ているが豊富な現金をもっており株主資本利益率（ROE）[1]は５％と資本コストの目安である８％より低く，株価純資産倍率（PBR）[2]が0.5倍程度の企業を考えてみる。仮に ROE が低い理由が，必要以上の余剰な現金を保有しており現金を配当や自社株買いで株主に還元すれば ROE が資本コスト近くまで上昇するとアクティビストが考えれば，株式の大量保有を通して大幅な増配や大量の自社株買いを要求してくる可能性は否定できない。仮に，企業が将来の投資や M&A のために現金を保有しているならば，将来の成長戦略，投資計画および余剰キャッシュの使途について丁寧な説明をしていれば，アクティビストにターゲットにされるリスクは低下するだろう。

(3) IR 部門の使命を考える

企業が IR 活動を行う上で IR 部門の使命や存在意義，目的をしっかりと認識することが重要と思われる。様々な国や投資スタイルの投資家に対して IR 活動を行っていると，時には対処に苦慮する問題に直面する場合があろう。その時に，IR 活動の指針になるのが IR 部門の使命や存在意義だ。IR 部門の使命は，企業の事業戦略，事業規模，成長ステージなどで多少異なるかもしれな

1　税引き後純利益を株主資本で割ったもの。企業が株主資本を使ってどのくらいの利益を生み出したかを測る指標。ROE ＝税引き後純利益÷株主資本。

2　株価を１株当たり純資産（BPS）で割ったもの。株価が１株当たり純資産の何倍まで買われているかを表し，株価の評価指標の１つとして使われる。PBR ＝株価÷ BPS。

いが，「自社の中長期的な企業価値向上に貢献する」，「自社の本質的な価値が正しく資本市場で評価される」，「資本市場の意見を経営陣に伝える」などは多くの企業にとって共通する点だろう。IR 部門にとって拠り所となるような「軸」をしっかりと持った上で，資本市場参加者に対して，適正な情報を公平に開示し，透明性が高いコミュニケーションを行うことが重要となろう。

2　IR の年間スケジュール

(1)　IR イベントの流れ

IR 部門の年間スケジュールは，本決算および四半期決算を中心に決定される。3月末が年度最終日の企業の場合，4月末から5月中旬にかけて本決算と決算説明会が行われる。本決算発表翌日からは，セルサイドアナリストや投資家とのミーティングでスケジュールが埋まることになる。海外投資家の保有比率が高い企業は，本決算発表後の5月下旬もしくは6月に欧米やアジアの海外投資家を訪問する。6月中旬から下旬にかけては株主総会のシーズンとなる。7月下旬から8月上旬に第1四半期（4－6月期）の決算発表を行い，その後は投資家やアナリストとのミーティングを行うことになる。決算に関しては，10月下旬から11月上旬に中間決算発表，1月下旬から2月上旬に第3四半期決算発表を行い，その後の IR ミーティングは毎四半期同様の形式で行われる。IR 担当者は，自社の調査を担当するセルサイドアナリストやバイサイドアナリストには少なくとも年4回の IR ミーティングを行う。

米国，欧州，アジアなどの海外企業は1月－12月を決算期とする企業が多い。海外企業の IR 活動は，前述の日本企業のスケジュールを3カ月前倒しで実施していると考えればよい。日本企業の会計年度の第1四半期である4－6月期は，海外企業にとって第2四半期となる場合が多い。また，7月から始まり6月に終了する1年間を決算期にしている海外企業もある。その場合，4－6月期は第4四半期となる。日本企業は，決算説明会資料や IR ミーティングにお

【図表2－2】IR活動の年間スケジュール

	決算関連	投資家対応	書類,Web関連	イベント関連
4月	決算準備 本決算発表　決算説明会	沈黙期間* 決算後ミーティングの日程計画作成	Webは,決算や株主総会後などに適宜アップデート	
5月		決算後ミーティング 海外投資家訪問		中期経営計画発表 IRデー
6月	第1四半期終了		有価証券報告書発行	定時株主総会
7月	決算準備 第1四半期決算　決算電話会議	沈黙期間* 決算後ミーティングの日程計画作成		
8月		決算後ミーティング		
9月	第2四半期終了		統合報告書,アニュアルレポート発行	証券会社コンファレンス
10月	決算準備 中間決算　決算説明会	沈黙期間* 決算後ミーティングの日程計画作成		
11月		決算後ミーティング 海外投資家訪問		
12月	第3四半期終了			証券会社コンファレンス 工場見学会
1月	決算準備 第3四半期決算　決算電話会議	沈黙期間* 決算後ミーティングの日程計画作成	統合報告書の準備開始	賀詞交歓会
2月		決算後ミーティング		証券会社コンファレンス
3月	年度終了	個人投資家向け説明会		証券会社コンファレンス

*沈黙期間を灰色にしている

いて，4－6月期が第1四半期であると明示するなどして，どの3カ月がどの四半期に当たるのかを明確にすることが望ましい。

(2) 期末終了日から決算発表・説明会まで

多くの企業では，決算が締まった翌日から決算発表日までを「沈黙期間」または「サイレント期間」と設定し，その期間中には投資家やアナリストとのIRミーティングは原則として行わない。電話による決算に関する問い合わせも原則として受け付けない企業が多い。3月，6月，9月，12月末日に四半期が終了する企業は，4月1日，7月1日，10月1日，1月1日から決算発表直前までが沈黙期間となる。この時期に，IR担当者は各事業部門に終了した期における事業動向や今後の事業環境に関するヒアリングを行い，決算説明会の資料作成や決算発表後のIRミーティングでの質問に関する回答の準備を行う。決算説明会で経営トップが自ら説明することを前提に話を進めると，決算発表前にはIR部門と経営トップが決算発表に関する事前ミーティングを行う必要があろう。経営トップが伝えたいメッセージと投資家やアナリストの興味・関心のすり合わせ作業が必要となる。

毎四半期決算前にIR部門と経営陣で定例ミーティングを行っている企業の例では，決算説明会の進め方，投資家やアナリストの最近の関心事，自社が訴求すべきポイントはもちろん，競合他社との株価パフォーマンス比較，日経平均や業種別の指数，例えばフィラデルフィア半導体株指数（SOX指数）[3]などインデックス指数との相対株価パフォーマンス比較，セルサイドアナリストのレーティング，業績コンセンサス，海外競合・顧客企業の直近の決算電話会議のポイント，外部調査会社による業界分析などに関して打ち合わせを行っている。これだけ質・量が充実したミーティングを決算前に行っていれば，経営トップが株式市場の関心事や注目点をあらかじめ理解でき，決算説明会は投資家と企業の双方にとって有意義なイベントになると思われる。

決算説明会では，終了した決算期の業績結果と今後の見通しに関する説明を中心に行う必要がある。投資家やアナリストにとって最も重要な仕事の1つは，決算発表で開示された業績結果と企業の業績計画に基づいて，各自の業績予想と目標株価を修正し投資評価の再考を行うことだ。決算説明会では，投資家やアナリストは各自が業績予想を修正し，その企業に対する投資評価を継続するべきか，変更するべきかを決定するための判断材料を必要とする。企業は，売上高や利益の実績値が会社計画や株式市場の平均的な予想である「コンセンサ

3　世界の代表的な半導体関連企業で構成される株価指数。現在は，30銘柄で構成されている。株式市場で使われるティッカーコード名から「SOX指数」とも呼ばれる。

【図表2－3】村田製作所の営業利益の変動要因分析（英語版）

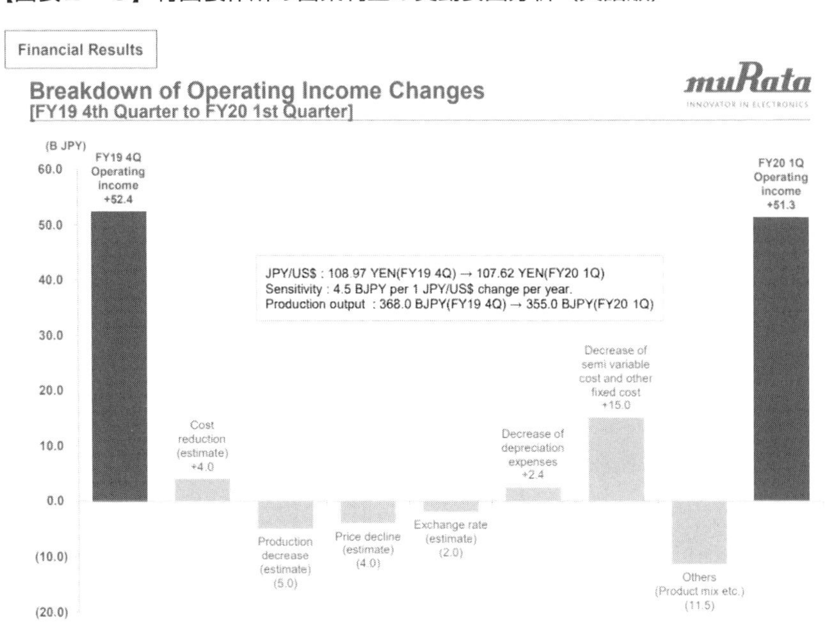

（出所）村田製作所（2020年度第1四半期）

ス」から大きく乖離して着地した場合，その理由は何なのか，今後もその影響が残るのかに関して詳細な説明が求められる。後述するが，投資家やアナリストは当期や翌期以降の売上高や当期純利益を予想する必要があり，その分析の基礎となる様々な定性・定量情報を決算説明会で得る必要がある。自動車，機械，電気機器，金融，医薬品などセクターによって必要となる情報は異なる。売上高に加えて受注高が必要な場合，売上高を価格と数量に分解する必要がある場合，特定のセグメントに関して詳細に説明が必要な場合など，開示情報は様々な項目となろう。エレクトロニクス企業の例では，営業利益の前四半期や前年同四半期からの変動要因分析に関してアナリストからの質問が多く，あらかじめ決算説明会資料にこの分析を掲載する企業もある。アナリストが必要とする情報は，同じ業種・セクター内では共通する項目が多いので，同業他社の決算説明会資料を参考にして開示内容を決定することも可能だ。投資家やアナリストが必要とする情報は四半期で毎回大きく異なるわけではないので，いったん開示項目が決まればその後は微修正すればよいだろう。

海外投資家に対しては，開示の公平性の観点から日本語と同時に英語の決算説明会資料や補足資料を開示するのが望ましい。決算説明会に関しては，日本語のみで行う企業がほとんどだが，日本電産など一部の企業は海外投資家を対象とした決算説明会を別の時間帯に英語で行っている。

決算説明会の時間は50分から60分程度が適当な長さだと思われる。時間配分に関しては，決算説明会60分のうち，企業側の説明は重要ポイントを15－20分で簡潔に行い，投資家やアナリストとの質疑応答に十分な時間を割く必要がある。米国企業の決算電話会議は，企業側の説明が15－20分程度，残りの40－45分程度を質疑応答に充てる場合が多い。最近は，同日に同じセクターの２－３社が決算発表および説明会を行う場合がある。説明会が長すぎると，説明会の時間が重なってしまう可能性があり，説明会に出席する人数が減少してしまうおそれがある。できれば，同じセクターに属するＩＲ部門同士が連絡を取り合える環境を整え，他社の説明会や電話会議と日時が重ならないような工夫をすることが望ましい。

決算説明会をインターネットで同時配信したり，録音・録画をホームページのIRサイトに開示したりする企業が増えてきた。複数の銘柄を保有するファンドマネージャーや複数の業種を担当するアナリストは，どうしても決算説明会が重なり参加できない説明会が発生してしまう。そのような投資家にとっては，録音や録画を後からインターネットで視聴できるのはありがたいことだ。個人投資家も視聴可能なので，公平な情報開示（フェア・ディスクロージャー・ルール）[4]の観点でも望ましいと思われる。

4　すべての投資家への公平な情報開示を発行体企業に求めるもの。例えば，企業が未公表の売上高や利益に関する重要な情報を提供する場合，すべての投資家やアナリストなどに公平に情報開示することを求めるもの。

決算説明会で企業が注意すべき点を挙げるならば，企業は決算に関する説明と質疑応答に集中すべきで，長期的な成長戦略や研究開発戦略など別途60分程度の説明会が必要な内容は含めないほうがよい。投資家やアナリストは，決算説明会後に決算報告のレポート作成，投資評価の再考を行う必要があり，決算以外の内容に関しては別途説明会を開催するほうが企業と投資家やアナリストの双方にとって有益となろう。

(3) 決算発表後

決算発表後のIR担当者の実務は，投資家やセルサイドアナリストとのミーティングが主となる。多い日は，1日に4－5件のミーティングを行うこともある。決算発表後2－3週間は，IR担当者は連日のように投資家やアナリストとのミーティングに明け暮れることになる。決算発表後2－3週間程度が経過すると，IRミーティングの件数は減少するかもしれないが，次の沈黙期間が始まる前日までIRミーティングが続くことになる。

3月末日に年度が終了する企業は，5月後半から6月前半にかけて国内・海外の大株主とのミーティングが重要となる。6月末に株主総会を控えており，議決権行使にも影響するのでこの時期に国内外の大株主に決算の実績，業績会社計画，中長期戦略はもちろん，配当など株主還元を含めた資金使途に関しても丁寧に説明することが求められる。説明不足が原因で，議決権行使を放棄されたり，反対票を投じられたりすることにならないようにしたい。

(4) 統合報告書，株主通信作成

近年，「統合報告書」を作成する企業が増加している。これまでのアニュアルレポートのような財務情報に加え，価値創造のための経営戦略ストーリーやESG（環境，社会，企業統治）[5]への取組みなどの非財務情報を記載した統合報告書の作成は，IR部門にとって非常に重要な業務といえよう。

5 ESGは，環境（Environment），社会（Social），企業統治（Governance）を表す。環境問題や社会問題の解決，企業統治の改善をとおして企業価値を向上させる考え方。

【図表2－4】ソニーの統合報告書の表紙と目次（2020年）

SONY

Corporate Report **2020**

統合報告書

Contents

（出所）ソニー

統合報告書は年度の有価証券報告書が提出された後，8月から9月に発行される場合が多い。統合報告書の作成は，余裕をもって前年の12月から当年1月に開始するのが望ましい。

統合報告書は，企業活動の結果である財務情報に加えて，企業ビジョン，中期経営計画，経営戦略，ESGなど幅広い内容になるため，全体構成から細部の内容を固めるには長い時間を要する。財務・経理関連に関するトピックは財務・経理部，中長期的経営戦略に関しては経営戦略部，株主総会関連は総務部，とりまとめはIR部，といった具合に社内の複数の部門との連携が必要になる。IR支援会社を活用するにしても，内容の構成はもちろん，CEOメッセージ，CFOメッセージ，取締役会議長メッセージなどは細かなニュアンスなど詳細な打ち合わせが複数回必要になろう。

一例としてソニーの統合報告書の内容構成を見てみる（【図表2－4】）。

2020年8月に発行されたソニーの統合報告書は,「価値創造」という視点で内容が構成されている。ソニーの「存在意義」と「価値観」から始まり，価値創造モデル，価値創出の方法，各事業セグメント業績と価値創出事例，人材やコーポレート・ガバナンスなどの価値創造の基盤に関してわかりやすく，かつ詳細に説明されている。「テクノロジーに裏打ちされたクリエイティブエンタテインメントカンパニー」らしく，画像やイメージ図をふんだんに使用し読みやすさにも配慮しているのが特徴的だ。ソニーは，ゲームではマイクロソフト，映画ではザ・ウォルト・ディズニー・カンパニー，音楽ではユニバーサルミュージック，テレビではサムスン電子などそうそうたる世界の大手企業と激しい競争を繰り広げながら,「持続可能な経営」企業として資本市場から高い評価を得ている。ソニーの統合報告書は，これから世界標準のIR活動へステップアップする日本企業にとって参考になる点が多いと思われる。

(5) IRイベント

決算説明会では，四半期決算の数字に関する説明に費やす時間が長くなるため，企業の中長期戦略や製品の技術的な説明に割く時間がどうしても少なくなってしまう。企業は，経営方針説明会，各事業部トップが戦略を説明するIRデーなどを別途開催することがある。近年では，環境・社会・企業統治に関するテーマに特化したESG説明会を開催する企業も増えてきた。工場，物流施設，研究開発センターなどの施設見学会を開催する企業もある。工場見学会は，国内工場だけでなく海外工場を対象に行う場合もある。工場見学会や研究開発センター見学会では，工場長や研究開発センター長とのディスカッションや現場の声を聞く貴重な機会となり，投資家にとっては有意義なイベントと思われる。

IRイベントの開催においては，当日のプログラム作成，説明資料の作成などの準備作業が発生する。工場見学会の場合，工場側とIR側の打ち合わせが必要となり，3－4カ月前から準備を行う必要がある。地方開催の場合は，交通手段の案内や食事の手配などが必要になる場合があり，入念なチェックが必要となる。

開催時期は，各四半期決算の合間に実施することになる。沈黙期間を避けると各社のイベント開催日が重なってしまう可能性があり，開催日程に関しては同じセクターの会社と重ならないようにするのが望ましい。

(6)　IRミーティングの設定

企業が投資家とのIRミーティングの設定や日程調整をする場合，上位の大株主を除くとIR部門が投資家に直接連絡を取るケースはあまり多くない。時価総額が大きく流動性が高い企業は自ら投資家とのミーティングを設定しなくても，投資家から直接ミーティングの申込みがあったり，証券会社経由でIRミーティングが設定されたりして，スケジュールの枠が埋まるだろう。一方で，時価総額や事業規模があまり大きくない企業の場合，IR部門が投資家とのミーティングを積極的に設定するケースもある。この場合は，企業側から個々の投資家に直接連絡を取ることはあまり効率的ではない。発行体企業は，証券会社のコーポレートアクセス部門に投資家とのミーティングの設定を依頼することが多い。主幹事証券会社，セルサイドアナリストがカバレッジを行っている証券会社はもちろん，カバレッジがない証券会社でも投資家のミーティングアレンジを引き受けてもらえるだろう。決算発表の1カ月程度前に証券会社に依頼すれば，決算発表の直後から効率的に投資家とのミーティングが行える。1日にIRミーティング数件をまとめて実施できるよう依頼したり，特定の週に集中的に行うように依頼したりすることも可能だ。昨今はWebミーティングや電話会議の活用が普及しており，実際に移動するより効率的にIRミーティングを設定，実施できると思われる。

企業側が投資家を個別に訪問する代わりに，企業が証券会社の会議室を1日借り切って複数の投資家とミーティングを行うやり方もある。IR担当者が個別に訪問する場合に比べてミーティングの枠が増加するので，企業と投資家の双方にとってメリットがある。1日で4－5回のミーティング枠があれば，うち1枠を複数の投資家対象のスモールミーティング形式にすれば，より多くの投資家とミーティングができる。

コラム

海外投資家と良好な関係を築いた日本のテクノロジー企業のIR

筆者が定期的に取材を行う企業のIR部門の特徴を紹介したい。これらの企業は，ITバブル崩壊，リーマンショック，東日本大震災，タイの洪水，1ドル79円（超円高）など事業環境が悪化し業績に悪影響が出た時に，手厳しい海外投資家と真摯にコミュニケーションを取ってきた。その結果，海外投資家から高い評価を得ていると思われる。

<ソニー>

ソニーのIRに対する取組みは，最近数年で大きく前進した印象だ。開示項目や内容が充実し，投資家やアナリストにとって有益な分析が可能となった。結果としてIRミーティングで数字の探り合いではなく，本質的な議論により多くの時間を割くことが可能となった。ゲーム，音楽，映画，イメージセンサー，エレクトロニクス製品，金融とセグメントの数が多く業界が多岐にわたるため，IRミーティングで無駄な時間を費やせば，投資家は聞きたいことが聞けず満足度が低いミーティングになってしまう。本質的な議論に集中でき，効率的にIRミーティングを進められる情報開示は，投資家やアナリストにとって非常に価値が高いと思われる。ソニーのIR活動の改善は，投資家の同社への信頼度の向上につながっている印象だ。吉田社長は米国での業務経験が豊富で，本場米国の資本市場参加者の考え方を深く理解していると思われる。ソニーのIR活動の進化は，吉田社長をはじめとする経営陣のIRに対する考えをIRチームが具現化することにより成し遂げられたものといえよう。

3　IR 支援会社・ツール

(1)　IR 支援会社の活用

IR 活動を行うにあたり，必ずしもすべての業務を社内のリソースを使って行う必要はない。決算説明会や投資家訪問のアレンジ，IR 用ホームページの作成・管理，実質株主判明調査，投資家データベース管理など，自社内で完結できるものと IR 支援会社などの外部リソースを活用するものを分けることも必要と思われる。

IR 支援会社には，様々な課題に対応し組織が大きい「デパート」型の会社や，小さな組織で特定の課題に注力する「ブティック」型の会社がある。企業は，成長ステージに応じて IR 支援会社を使い分けることも１つの選択肢だ。上場直後や IR の経験が少ない企業は，IR 業務全般に関するサポートを受ける必要があるかもしれない。IR の経験やノウハウが蓄積されてくれば，自社で行うにはリソースが足りない部分だけを IR 支援会社にアウトソースすることも可能だ。時価総額が数千億円を超えるようになると，様々なリスクに備えて，実質株主判明調査を半年に１回しっかりと行うために IR 支援会社を活用することも考えられる。

日本 IR 協議会は2020年１月から３月にかけて全株式上場企業3,810社を対象に IR 活動の実態調査を行い，1,047社から回答が得られた。IR 実施企業のうち74.4%が IR 支援会社を利用していると回答した。IR 支援会社を利用している企業が現在利用中のサービスは，「株主判明調査」が62.6%と最も多く，「会社説明会全般のサポート」が55.2%，「アニュアルレポート・統合報告書の作成」が49.0%，「持続的なサポート（年間契約など）」が29.5% の順で多くなっている（**【図表２－５】**）。

【図表２－５】現在利用中のIR支援サービス

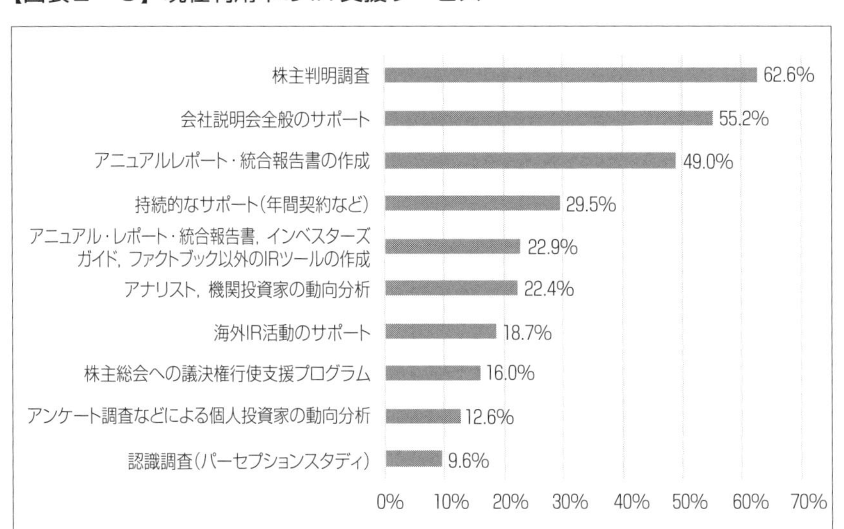

（出所）IR協議会

⑵　実質株主判明調査

米国ブルームバーグ社が提供するブルームバーグ端末には，上場企業の株主を表示する機能がある（【図表２－６】）。株主名，保有株式数，保有株式数の過去からの推移，株主が同業他社の株を保有しているか，などの情報が閲覧可能だ。東洋経済新報社の書籍『会社四季報』でも上位の株主を表示している。これらは，各企業の株主を知る上でとても有益な情報といえる。ただし，ここで株主として表示される信託銀行や株式保管銀行（カストディアン）[6]は，議決権を持つ実際の株主とは異なるケースが多い。近年，議決権行使に関して企業側が株主に積極的に説明を行うケースが増えており，多くの企業が実質株主判明調査を行っている。

筆者はエレクトロニクス業界のリサーチ業務を行っており，毎四半期に国内外の20－30社程度のIR部門とミーティングを行っている。日本のエレクトロ

6　投資家の代わりに有価証券の保管・管理などの業務を行う金融機関を指す。

【図表２－６】東京エレクトロンの株主上位20社（2020年９月時点）

8035 JT Equity　25) ｴｸｽﾎﾟｰﾄ　設定　銘柄保有機関
TOKYO ELECTRON LTD　ISIN　JP3571400005
1) 現在保有　2) ﾋｽﾄﾘｶﾙ保有　3) ﾏﾄﾘｯｸｽ　4) 保有分布ｻﾏﾘｰ　5) ｲﾝｻｲﾀﾞｰ取引　6) ｵﾌﾟｼｮﾝ　7) 債務
保存名　全保有機関(保有数順)　21) 検索を保存　22) 検索を削除　23) 検索絞込
ﾃｷｽﾄ検索　保有機関Grp　全保有機関　投資ﾏﾈｼﾞｬｰ･ﾋﾞｭｰ
24) 配色ｻﾏﾘｰ　発行済株式 157.2M　保有率 72.32　浮動株/発行済 94.49　SI残% N.A.

	個人・法人	ﾎﾟｰﾄﾌｫﾘｵ名	ｿｰｽ	ﾎﾟｼﾞｼｮﾝ↓	保有率	増減	保有基準日
			All				
1.	野村ホールディングス		ULT-AGG	15,169,500	9.65	0	07/15/20
2.	JPﾓﾙｶﾞﾝ･ﾁｪｰｽ･ｱﾝﾄﾞ･ｶﾝﾊﾟﾆｰ		ULT-AGG	13,663,194	8.69	-2,497,672	09/17/20
3.	年金積立金管理運用	Multiple·Portfolios	MF-AGG	12,758,500	8.12	0	03/31/20
4.	CAPITAL GROUP COMPANIES INC		MOF-JP	8,628,105	5.49	-1,797,532	04/30/20
5.	日興アセットマネジメント		ULT-AGG	8,153,200	5.19	9,100	09/18/20
6.	大和証券グループ本社		ULT-AGG	6,878,200	4.38	24,100	07/31/20
7.	三菱ＵＦＪﾌｨﾅﾝｼｬﾙ･ｸﾞﾙｰﾌﾟ		ULT-AGG	6,246,617	3.97	31,700	08/31/20
8.	東京放送ホールディングス		Annual Report	5,991,000	3.81	-1,086,000	03/31/20
9.	VANGUARD GROUP		ULT-AGG	4,440,597	2.82	-60,505	08/31/20
10.	ﾌﾞﾗｯｸﾛｯｸ		ULT-AGG	4,324,568	2.75	-39,692	09/18/20
11.	ステート・ストリート		ULT-AGG	3,239,283	2.06	-233,990	09/18/20
12.	FMR		ULT-AGG	2,922,080	1.86	695,434	09/18/20
13.	ﾉﾙｳｪｰ中央銀行	Multiple Portfolios	MF-AGG	2,173,336	1.38	0	12/31/19
14.	みずほフィナンシャルグループ		ULT-AGG	1,448,326	0.92	-11,432	09/17/20
15.	東京エレクトロン		Annual Report	1,213,526	0.77	0	03/31/20
16.	ｿｼｴﾃ･ｼﾞｪﾈﾗﾙ		Short	-1,030,590	-0.66	98,900	09/17/20
17.	バークレイズ		Short	-950,480	-0.60	-159,166	09/08/20
18.	大成建設		Annual Report	900,000	0.57	0	03/31/20
19.	ﾃｨｰ･ﾛｳ･ﾌﾟﾗｲｽ･ｸﾞﾙｰﾌﾟ		ULT-AGG	781,900	0.50	-139,500	06/30/20
20.	ﾏﾆｭﾗｲﾌ･ﾌｧｲﾅﾝｼｬﾙ		ULT-AGG	734,957	0.47	-39,892	09/18/20

（出所）ブルームバーグ

【図表２－７】IR 支援会社利用と株主判明調査実施の状況

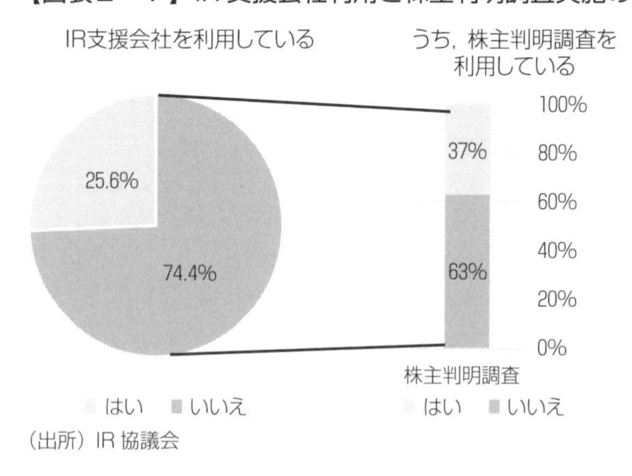

（出所）IR 協議会

ニクス業界では，７－８割の企業が年に１回もしくは２回実質株主判明調査を行っている印象だ。IR協議会が実施した調査では，全体の74.4％の企業がIR支援会社を利用しており，そのうちの62.6％つまり全体の46.6％の企業が実質株主判明調査を行っていると回答している（【図表２－７】）。

エレクトロニクス業界は，比較的時価総額が大きい，外国人株主が多い，現金保有高が比較的多い，自社もしくは同業他社がアクティビストからの提案を受けた経験がある，などの理由により，実質株主判明調査を行っている企業の割合が高いのかもしれない。一方で，創業経営者やベンチャーキャピタル，親会社など特定株主が議決権の５割以上を保有している場合は，実質株主判明調査の必要性は低いと思われる。

実質株主判明調査をIR支援会社に委託する場合，目的に応じた支援会社選びが重要になろう。特に，アクティビストから株主提案を受けた場合などの「有事」におけるサポートの有無は重要となる。企業側は既存株主に対して自社の考え方を説明する必要がある。IR支援会社が，企業と複数の既存株主との臨時的なミーティングの設定や株主提案に対する企業の対応方法に関するコンサルティングを行うことができれば，IR部門にとっては大きなサポートになるだろう。

(3)　IR部門の予算

IR協議会の第27回「IR活動の実態調査」によると，IR支援会社を利用している企業がIR関連サービスにかける年間の平均費用は「アニュアルレポート・統合報告書の作成」が1164.3万円，「株主判明調査」が400.7万円，「海外IR活動のサポート」が209.9万円，「会社説明会全般のサポート」が201.2万円，「認識調査（パーセプションスタディ）」が183.0万円となっている（【図表２－８】）。IRに関する各種支援・サービスにかかるコストは決して安いものではない。しかし，アニュアルレポート・統合報告書は，自社のIRに対する姿勢や考え方が集約されたものであり，それなりのコストをかけてしっかりしたものを作り上げたいという企業の考えがあると思われる。IR部門としての人的

【図表2－8】IR 支援サービスの年間平均費用

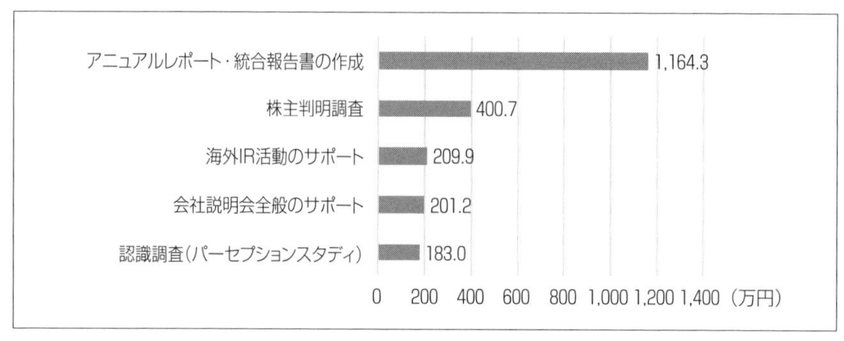

（出所）IR 協議会

資源や経験が少ない企業は，IR 支援会社や支援ツールにコストをかけたほうが，結果的にリターンは大きくなるともいえよう。

IR 担当者が，ある程度の経験を積めば必要な IR 支援サービスは変わってくると思われる。IR 部門としてノウハウが確立されていない時は，IR 支援会社と一緒に業務を遂行しながらノウハウを蓄積し，少しずつ自社で対応する業務範囲を拡大することは可能だ。IR 担当として経験を積めば，IR 活動で達成したい目標とコストをうまくバランスさせることができると思われる。

コラム

海外投資家と良好な関係を築いた日本のテクノロジー企業の IR

<日本電産>

日本電産は，インスティテューショナル・インベスター誌の IR 調査でトップ評価を獲得する IR 優良企業だ。同社の IR 活動は，経営トップから IR 担当の縦のラインと，日本，米国，欧州，アジアの横のラインが一体となって IR 活動を行っている。たとえて言うと，永守会長が「日本電産成長ストーリー」という楽曲を作詞・作曲し，IR 部門が編曲を行い，経営トップと IR 部門が「NIDEC」というグループユニットを結成しているようだ。四半期ごとに新曲が発表され，日本，米国，欧州，アジアでグループユニット「NIDEC」が積極的に IR ミーティングという「ライブ活動」を展開しているように見える。永守会長が筆頭株主ということもあり，経営陣が株主の期待や要望を十分理解し，短期業績と中長期業績のバランスを考えながら株主目線で経営が行われているのが特長だ。株主にとっては，永守会長自身がどの株主よりも真剣に株主のことを考えながら経営している，という安心感があろう。IR 部門とのミーティングでは，単に数字の確認を行うだけでなく，四半期ごとに投資家やアナリストの知的好奇心を満たすようなディスカッションができるのも大きな魅力と思われる。

4　IR組織・体制

(1)　人数，部門，ローテーション

IR部門の人数や部署などの組織・体制は，当該企業の時価総額や投資家の関心度合いによって異なると思われる。投資家やアナリストにとっては，IR担当者とのアクセスが容易になるのでIR担当の人数は多いほうが望ましい。企業側は，それ自体は売上や利益を生み出さないIR部門はなるべくスリム化したいと考えるだろう。IR協議会の「IR活動の実態調査」によると，「IR専任者」の数は3人以下が42.7%，4人以上が14.8%，専任者なしが39.7%となっている。また「IR兼任者」の数は3人以下が61.8%，4人以上が10.8%，兼任者なしが18.7%だった。

日本の半導体や電子部品メーカーのIRでは，投資家やアナリストに直接対応するIR専任者が2－4名，資料作成やデータベース管理などの管理業務を行う担当者が1－2名でIR業務を行う企業が多い印象だ。時価総額が1,000億円を下回る企業では，投資家やアナリストに対応する担当者が1名，間接業務担当者が1名，というケースもある。時価総額が小さい企業では，広報，経理，経営企画，総務などの業務と兼務しているケースが多い。株主総会対応は，総務部など別グループが担当することが多く，株主総会を含めた株主および投資家対応の実際の業務に携わる人数は多くなる。トヨタ自動車，ソニー，日本電産など海外投資家からの注目度が高く株式保有比率が高い企業は，米国や欧州拠点にIR担当者が常駐し手厚いIR活動を行っている。

IR担当者の在籍期間は，企業の方針によって異なると思われる。10年以上担当者を固定している企業もあれば，3年程度で担当者が交代する企業もある。IR担当者の経験が比較的長い企業は，リーマンショック，東日本大震災，タイの洪水，アベノミクス，米国大統領選挙，新型コロナウイルス蔓延などの重大イベントが業績に与える影響を比較して議論することも可能だ。新しいIR担当者の場合，前任の業務内容について実体験を踏まえた内容を聞くことがで

き，企業の新たな一面を知ることもある。

IR 協議会の調査によると，IR 担当者の平均実務経験年数（**【図表２－９】**）は，３年未満の割合が IR 専任者の36.1％，IR 兼任者では40.4％を占める。５年未満まで対象を拡げると，IR 専任者の63.2％，IR 兼任者の62.8％を占める。IR 担当者は，３－５年程度で交代する企業が多いことがうかがい知れる。一方で，IR 経験が10年以上の割合は，IR 専任者の場合が10.1％，IR 兼任者の場合が12.1％となっている。全体の10％程度の企業では IR 担当者を専門職として固定していると思われる。エレクトロニクス企業の場合では，半導体や電子回路など技術に関する知識，海外企業を含めた競争環境に関する知識，過去からの技術や競争環境の変化などが必須の知識となるため，IR 担当者の経験年数は自ずと長くなる傾向にあるようだ。

IR 担当者をローテーション制にする場合，企業にとってプラスになる面があると思われる。IR 担当者は，日々の投資家とのミーティングの中で株式市場の期待や要求を肌感覚で理解している。企業の財務面の様々な指標や経営戦略を全社ベースで思考し，ヒト・モノ・カネの３大経営資源の配分を全体最適化させるような考え方が自然と身につこう。最近では，投資家の ESG や

【図表２－９】IR 専任者の平均実務経験年数

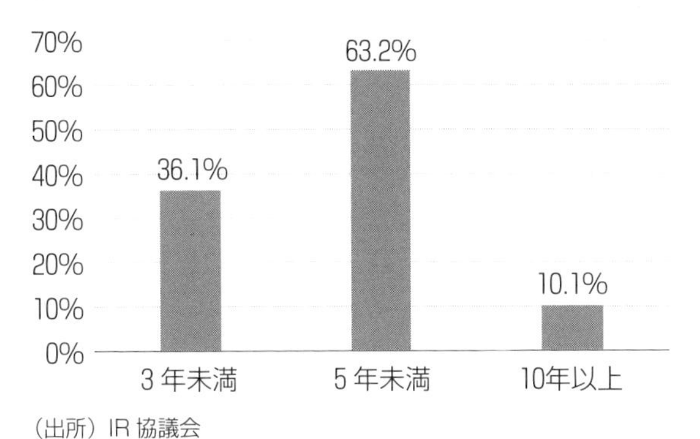

（出所）IR 協議会

SDGs[7]に対する関心の高まりを社内の各部門に伝える役割が担えるだろう。IR業務を経験した人材が社内のあらゆる部門に配属されていることは，企業にとってプラスに働こう。IR担当経験者が工場など他部門へ異動し，5－10年後にIR部門長もしくはIR部を傘下に置く管理本部長として戻ってくるケースも見られるようになった。経営トップメンバーの中にIRの実務経験者がいることは歓迎すべきことで，投資家にとっては安心材料になると思われる。

IR担当者をローテーションで交代させる場合に注意すべきことは，引継ぎをスムーズに行うことだ。IR担当者の交代によって開示の継続性が失われることがあってはならない。開示の質が改善することは歓迎だが，後退することは避ける必要があろう。

(2)　IR部門の目標管理と評価制度

IR部門の目標設定や評価に関しては，企業の事業規模，時価総額，成長ステージなどによってその方法は自ずと変わってくる。時価総額が小さい企業は，株主数の増加や株式の流動性の確保が重要となるだろう。時価総額がある程度大きくなると，海外投資家の比率，長期投資家の比率，個人投資家の比率などがIR部門としての目標になる場合もあろう。

IR部門の目標は，年々変化していく場合が多い。年度初めにIR部門のその年の活動目標を決めて経営トップに承認してもらい，年度が終了した時点で評価を行うのが一般的だ。IR協議会によると，IR活動の効果測定に用いる指標としては，「株主構成」が94.1%，「アナリスト，投資家との面談回数の増減」が56.1%，「時価総額」が31.3%となっている。

いくつかの具体的な事例としては，海外A国の年金制度変更で年金運用の株式配分比率が増えている状況では，A国の投資家との面談回数を増加させるというような目標がある。自社の事業領域としてA分野，B分野，C分野の3つがあり，一般的にA分野がメインの事業領域という認識が強い場合，B分野や

7　持続可能な開発目標（Sustainable Development Goals）のこと。持続可能でよりよい世界を目指す国際目標で，17の目標，169のターゲットから成る。

C分野の競合企業に投資している投資家とのIRミーティング件数を増やす，というような目標もある。IR活動を改善させるために各社が行っていることは，決算説明会，IRデー，施設見学会でのアンケート調査だ。出席者が不満に感じている点をIR部門が改善できれば，投資家の満足度は当然向上する。

IR部門の目標設定や評価項目に関して1つや2つの正解を出すことは難しいが，複数の企業のIR部門に意見を聞く中で参考になるものがあった。以下に具体的な意見を紹介したい。各社のIR部門の状況に応じて参考になるものがあるかもしれない。

・面談数は目標の1つにしている。ただし，数は重要だが質がより重要
・面談件数を前年より多くする
・面談の件数は測っていない
・IR部門として年間1万件に迫る面談をしているので，量ではなく質を上げるほうに注力している
・IR活動のクオリティの評価は難しい
・外部の評価機関によるIR関連の賞の受賞は前向きな目標になり得る
・会社が設定した長期投資家の保有株数が増えればIR部門の評価が上がる仕組みにしている
・個人投資家は機関投資家とは異なる投資行動を取るので，個人投資家の数は重要
・セルサイドアナリストの発行レポートの数をみている
・今はまだしっかりした仕組みができていないので，これから構築したい
・今年はどういう属性の投資家にアプローチするかという目標を立てる
・長期投資家に保有してもらいたいが，ヘッジファンドも流動性の面で重要で，そのバランスをみている
・グロース系の投資家を増やしたいと思っている
・株主構成を分散化したい
・投資家面談の件数，投資家構成の変化，IR表彰，株価などをみている
・株価はIRがコントロールできない面があり，評価項目にするのは難しい
・IR部門のモチベーションが上がるような目標設定が重要

・自社の調査を担当するセルサイドアナリストの数や，「買い」の数を増やすことも目標になり得る
・セルサイドアナリストレポートの内容で，IR の説明が株式市場で理解されているかをチェックしている
・会社が正しく評価されるようなコミュニケーションができているかをみている
・ESG 評価機関からの評価が上がることを目標にした年もあった

コラム

海外投資家と良好な関係を築いた日本のテクノロジー企業の IR

＜村田製作所＞

村田製作所は，経営陣が株式市場の考え方を最も熟知している企業の１社だと思われる。同社の IR 担当者は，３－５年ごとに定期的に交代している。IR 担当後は，国内外の工場や中国など主要拠点に配属となるケースがある。現在の社内取締役８名中，IR 業務経験者は３名だ（2021年１月時点）。約20年前の IT バブル崩壊時に国内外の投資家やアナリストと連日数多くのミーティングを行った IR 担当者が，長い年月を経てトップマネジメントチームの一員となっている。IR 部門に有能な人材が配属され，その後事業部で実務の経験を積んで最終的にトップマネジメントとして全社のかじ取りを担う。また，同社は，社外取締役に証券アナリスト経験者を招聘している。企画管理部門，IR 部門，取締役の人材采配をみると，同社は資本市場の考え方を理解している人材を重用していることがわかる。資本市場の論理を実際の経営や現場運営にうまく融合させながら事業成長を図っている企業といえよう。

5 IRに必要な知識・ノウハウ

(1) IRに必要な基本的な知識

IR担当者は自社に関する情報を全世界の投資家へ正確に発信するとても重要な役割を果たし，ある意味では経営トップと同等の役割を担う。では，IR担当者にはどのような知識や能力が必要となるだろうか？　財務・会計・ファイナンスの知識，経営学や経営戦略の知識，自社が属する業界構造や製品・技術の知識，英語力，コミュニケーション能力などが挙げられよう。海外投資家は公認証券アナリスト資格であるCFA（Chartered Financial Analyst）[8]を取得し，財務・会計・ファイナンス・経済学・経営学などに関する深い知識を有している場合が多い。日本の投資家は，日本証券アナリスト協会が実施する試験に合格し，日本証券アナリスト協会検定会員CMA（Certified Member Analyst of the Securities Analysts Association of Japan）[9]である場合が多い。IR担当者は，投資家と同等レベルの知識を持ってはじめて投資家と対等な立場で双方にとって有意義なディスカッションができると思われる。いくつかの企業では，海外投資家の数や運用資産額を考えると海外投資家への対応力をより一層充実させるべきという考えの下，財務・会計・ファイナンスの知識はもちろん，ビジネスレベルの英語力をIR担当者の必須スキルとしている。

知識面に加えて，IR担当者の能力はコミュニケーション能力に尽きるという意見もある。IRの評価が高い企業のIR担当者の話を聞くと，IRミーティング後に「あなたの会社とミーティングで1時間過ごして良かった」という記憶に残るようなミーティングを常に心がけているという。投資家の質問の中には，ホームページを見れば答えがわかるという内容もある。極端な話だが，ホームページに書いてあるからそれを見てくださいという返答も可能ではある。

8　投資に関する金融専門知識と高い職業倫理を習得していることを認定する国際資格。英語名のChartered Financial Analystの頭文字からCFAと呼ばれる。

9　日本証券アナリスト協会検定会員。金融，投資，経済，法令順守などに関し深く幅広い知識・スキルを持ち，日本証券アナリスト協会が実施する試験に合格したものに与えられる資格。

しかし，人と人とが直接コミュニケーションを行うことで，投資家は本当に聞きたいことを聞き，企業は本当に伝えたいことを伝えることが可能となろう。電話やウェブによるミーティングが増えている今だからこそ，高いコミュニケーション能力が必要となろう。

⑵　投資家の投資プロセスの理解

IR担当の経験が長くなれば，投資家対応も難なくこなせるようになることは想像にかたくない。5年，10年とIR業務の経験が長いIR担当者は，国内外の投資家と年間100件を超えるIRミーティングを行い，投資家の思考回路を理解しているように思われる。また，セルサイドやバイサイドアナリスト出身や，資金調達や株式上場に関する業務を行っていた銀行や証券会社出身のIR担当者もいる。彼らに共通する点は，国内投資家，海外投資家にかかわらず投資家の意思決定プロセスを大体理解できているので，IR担当としての経験が短くても投資家対応という点では全く問題ないということだろう。アナリスト時代の分析プロセスや証券会社での資金調達プロセスを理解しているので，投資家の質問の意図が概ね理解できコミュニケーションで行き違いが起きる可能性は低いと思われる。

海外投資家と国内投資家では投資に対する考え方で多少の相違点はあるかもしれない。一方で，ファイナンスや価値評価（バリュエーション）理論は世界共通で，国内海外問わず投資家が個別銘柄を評価するプロセスには共通する点がある。この点を理解していれば，海外投資家，国内投資家にかかわらず，投資家との1 on 1ミーティングに対する自信が持てると思われる。では，投資家は一体どのようにして投資意思決定を行っているのだろうか？　ここからは，非常に単純化した前提で投資家の投資意思決定プロセスについて考えてみたい。

①　株価形成プロセスを考える

最初に株価形成プロセスについて考える。株価形成には様々な要因が考えられるが，ここでは株式市場参加者の代表的な思考プロセスに沿って考えてみる。

株式市場参加者の多くは，株価は⑴コンセンサス[10]１株当たり純利益（コンセンサスEPS）[11]と⑵株価収益率（PER）[12]で説明され，この２つの掛け算で決まると考える。つまり，株価＝コンセンサスEPS × PERと定式化される。もしくは，株価＝コンセンサス１株当たり純資産（コンセンサスBPS）[13]×株価純資産倍率（PBR），または，企業価値＝コンセンサスEBITDA（税引前償却前利益）[14]× EBITDA倍率[15]と考える。コンセンサスEPSは，当年度（１期先）や翌年度（２期先）など将来利益のコンセンサス予想だ。セルサイドアナリストの業績予想の平均がコンセンサスとして使われることが多く，ブルームバーグコンセンサスやQUICKコンセンサスなどがある。

株価の式を見ると，株価が上昇するためにはコンセンサスEPSかPERのどちらかが上がる必要がある。コンセンサスEPSが上がる具体的な例は，企業が好決算を発表したり，利益の上方修正を発表したりする時だ。例えば，A社の通期EPS計画が100円で，A社の通期のコンセンサス予想EPSも100円の場合を考える。株価は2,000円という値が付いており，コンセンサスEPS100円から計算して，PER20倍が株式市場でA社株に付与されていると考える。企業Aが好調な上期決算を背景に通期のEPS計画を従来の100円から130円に上方修正した場合，セルサイドアナリストをはじめ市場参加者は各自の利益予想を上方修正し，結果としてコンセンサスEPSが上がることになる。仮にコンセンサスEPSが新会社計画と同じ130円程度まで上昇し，投資家はこれまでと同じ

---

10 コンセンサスとは，株式市場参加者の平均的な予想や考え方のこと。売上高や利益など財務的なものだけでなく，特定商品の販売スケジュールや薬の開発進捗などに関するコンセンサスもある。

11 コンセンサス１株当たり純利益は，株式市場参加者の１株当たり純利益（EPS）予想の平均値。一般的に，セルサイドアナリストのEPS予想の平均値が使われる。

12 株価を１株当たり純利益（EPS）で割ったもの。株価が１株当たり純利益の何倍まで買われているかを表し，株価の評価指標の１つとして使われる。PER＝株価÷ EPS。

13 株式市場参加者の１株当たり純資産（BPS）予想の平均値。一般的に，セルサイドアナリストのBPS予想の平均値が使われる。

14 株式市場参加者のEBITDA（税引き前利益に，支払利息，減価償却費を加えたもの）予想の平均値。一般的に，セルサイドアナリストのEBITDA予想の平均値が使われる。

15 株式時価総額と純負債の合計である企業価値（Enterprise Value；EV）が，EBITDAの何倍であるかを示すもの。企業価値を評価するための指標として使われる。EBITDA倍率＝ EV ÷ EBITDA。

【図表2－10】株価形成プロセスの考え方

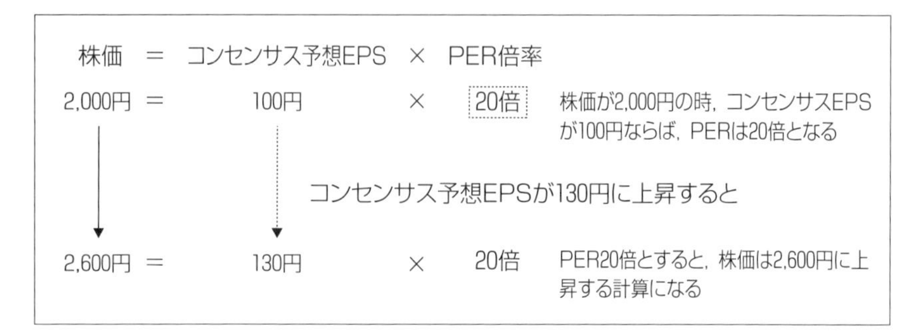

20倍が企業Aに妥当なPER倍率だと判断する場合，株価は2,600円（130円×20倍）程度へ上昇するということになる（**【図表2－10】**）。実際にはマクロ景気動向，需要サイクルの見方，業績改善ドライバーの持続性，など多くの要因が絡み合い，株価は簡単に決まるものではないが，単純化するとこのような株価形成プロセスとなろう。

PERの上昇が株価の上昇につながる場合もある。PERは，投資家からの企業の「人気度」的な側面を持ち，多くの投資家が買いたいと思えば高いPERになり，買いたくないと思えば低いPERになる。以前はアマゾン，現在では先進的なデザインの電気自動車で世界をリードする米国テスラが投資家からの人気が高く，高いPERで取引されている代表的な企業と思われる。ただし，PERの拡大はEPS上昇に比べると起こりにくいというのも事実だろう。多くの投資家が買いたいと思うにはそれなりの理由があるはずで，同業他社と同じようなビジネスモデルや利益成長シナリオでは一時的な人気化で終わってしまう。業界構造を大きく変えるような革新的な製品，技術，ビジネスモデルが必要となろう。

②　投資家の投資判断，目標株価の設定方法

さて，投資家はどのようにして「買い」，「中立」，「売り」の投資判断を行っているのだろうか？　ここでも投資家の投資意思決定プロセスを単純化して考えてみる。投資家は，１株当たり純利益（EPS）に株価収益率（PER）倍率を

掛けて目標株価を設定することが多い。ここでのEPSは，各投資家が独自に予想する将来のEPSだ。つまり，目標株価＝各自の予想EPS × PERと表される。国内投資家も海外投資家も，1期先，2期先のEPS予想を行う。自分が予想するEPSがコンセンサス予想EPSより20%高い場合，同じPER倍率を掛ければ目標株価は現在の株価より20%高くなる。例えば，A社の株価が2,000円でコンセンサスEPSが100円の場合を考える。この場合のA社株はPER20倍で取引されていることになる。仮に自分の分析の結果，EPS予想を120円と結論づけた場合，PER20倍を適用すると目標株価は2,400円（120円×20倍）となり，20%のリターンを見込めるわけだ。逆に自分が予想するEPSがコンセンサスEPSより20%低ければ，目標株価は現在の株価より20%低い水準となる。要は，各自の分析によって分析対象企業の1期先，2期先のEPSがコンセンサス予想を大きく上回ると判断すれば，その株は「買い」になり，その逆では「売り」となる。各自のEPS予想がコンセンサス予想に対してプラスマイナス10%未満の場合は，目標株価と現在の株価の差があまり大きくないので「中立」という投資判断になる。

ここで，PER倍率についての説明を加えたい。PER倍率は，企業の株価が

【図表2－11】投資判断の例

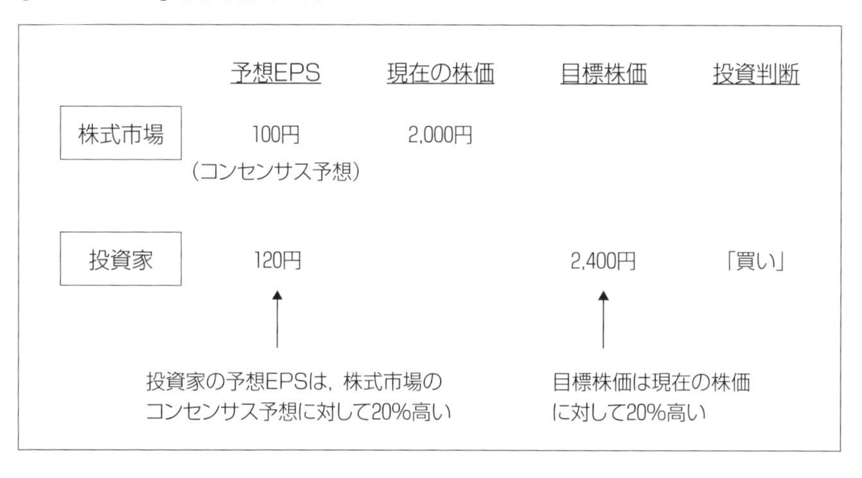

EPSの何倍で売買され株価が成立しているかを表すものだ。例えば，株価が1,000円で取引されており，コンセンサスEPSが100円の場合，この株のPERは10倍ということになる。東証一部上場の全銘柄を対象とするTOPIX（東証株価指数）のPERは，1期先のコンセンサスEPS予想に対して過去は15倍前後となっている。つまり，東証一部上場の多くの企業のPERは，平均を15倍としてその前後が多くなっている。ただし，各企業の目標株価算出に適用するPER倍率は一定の値に定まっているわけではなく，金利や為替レートなど企業がコントロールできない要因によっても変化し，企業の事業ポートフォリオによって時間とともに変化する場合がある。

では投資家はPERをどのようにして決めているのだろうか？　詳しい説明は専門書に譲るが，PER倍率は配当割引モデル（DDM）[16]から一定の仮定をおいて式展開し最も単純化すると，PER≒1／株主資本コスト，もしくは1／Eと表される。株主資本コストは，一般的に7－9％程度と考えられている。仮に企業Aの株主資本コスト（E）を8％と考える場合，PER倍率は，12.5倍（1／8％）と計算される。企業Aの利益成長期待が高い場合や，A社が属する業界やA社のビジネスモデルが低リスクの場合，A社経営陣に対する信頼が高い場合などは，株主資本コストをやや低めの5％程度と考えることもできる。この場合，PER20倍（1／5％）が妥当と考えられる。株主資本コストが低い企業のPER倍率は高くなる傾向にあることがわかる。

PERは，ROEが株主資本コストより高いか低いかによっても変わる。DDMで条件を少し変更すると，PERは，ROEが株主資本コストより大きい時に，1／Eよりも大きくなることが示される。逆に，ROEが株主資本コストより小さい場合，PERは1／Eよりも小さくなる。後述するように，ROEが株主資本コストより高いか低いかは，PBR倍率にも影響を与える。ROE水準は投資家にとって理論的にとても重要な指標なのである。

16　株式価値を算出するための評価モデル。株価は，将来支払われる配当の現在価値の合計となるという考え方に基づく。英語名はDividend Discount Model（DDM）。

【図表2－12】PER の理論的な考え方

$$\text{PER} \fallingdotseq \frac{1}{\text{株主資本コスト}} = \frac{1}{E}$$

ただし，
株主資本利益率＝株主資本コストの時

$$\text{もしくは} \fallingdotseq \frac{1}{\text{株主資本コスト}} + \text{正数} \times (\text{株主資本利益率} - \text{株主資本コスト})$$

$$= \frac{1}{E} + c(\text{ROE} - E)$$

ただし，c は正の数

例1）株主資本コスト８％の時

$$⇨ \text{PER} \fallingdotseq \frac{1}{8\%} = 12.5\text{倍}$$

例2）株主資本コスト５％の時

$$⇨ \text{PER} \fallingdotseq \frac{1}{5\%} = 20\text{倍}$$

例3）株主資本コストが８％で，株主資本利益率が株主資本コストより低い時

⇨ PER ＜ 12.5倍

PER 倍率の理論的な面を知った上で，実際の投資プロセスで何倍の PER 倍率を目標株価設定に使用するかを考える。最も簡単な PER の設定方法は，現在のコンセンサス予想 EPS をベースに逆算される PER を自分の目標株価設定に使用するやり方だ。現在株式市場で許容されている PER 倍率を使用すれば，概ね妥当で大きな間違いが起こることはないと思われる。

別の方法としては，分析対象企業が株式市場で過去に付与されていた PER の平均，標準偏差，最小値，最大値を参考に PER を設定することがある。自分だけが対象企業の PER を高くあるいは低く設定しても，株式市場の他の参加者が過去の PER 倍率をベースに目標株価を設定する限り，対象企業の株価は上昇あるいは下落しないだろう。過去の PER 倍率をベースに目標株価を設定するのは有力と思われる。この場合注意すべき点としては，当該企業の過去時点における１期先や２期先のコンセンサス EPS に対して株式市場が付与していた「コンセンサスベース」の PER 倍率を使用することだ。

仮に企業Aの過去3年のPER倍率が，過去時点のコンセンサスEPSをベースにして平均20倍，標準偏差3，最大値28，最小値13となっていれば，目標株価設定においては，20倍前後のPERを使用するケースが多いだろう。もしくは，1標準偏差程度のブレは起こり得るので，23倍程度のPERを目標株価の設定に使用するかもしれない。さらに，PER20倍や23倍が株式市場で本当に許容されるかどうかの検証として，企業Aの利益成長率やマネジメントチームの質などから推定される株主資本コストやROE水準を考慮してPER倍率を計算することになる。

③　投資家はなぜIRミーティングでその質問をするのか？

投資家が企業のトップマネジメントやIR担当者に質問をする主たる目的は，将来のEPS予想を正確に行うためだといっても過言ではなかろう。前述のとおり投資家は，目標株価を予想EPSとPER倍率の掛け算で算出する。投資家が対象企業を深く分析した結果，1期先もしくは2期先のEPS予想が現在のコンセンサス予想EPSを大きく上回ると判断すれば，その企業の投資判断は「買い」となる。企業が，実際に1期先の時点で投資家が予想した高いEPSを達成できれば，コンセンサスEPSは投資家が予想したEPS水準まで上昇し，結果的に株価が上がることになる。逆に，投資家が間違ったEPS予想に基づいて投資を行ってしまうと大きな損失を被る。ポートフォリオの中で大きなポジションを取っている銘柄の投資判断で損失を被ると，ポートフォリオ全体のパフォーマンスに大きなマイナス影響を与えることになり，最悪の場合，年金基金などのスポンサーとの契約解除につながる可能性もある。投資家にとってEPS予想は失敗が許されない非常に重要な分析作業なのである。

④　EPS予想の出発点，売上高予想

投資家がより精緻にEPS予想を行うためのアプローチについて考えてみる。売上高から総費用と税金を引いた金額が純利益なので，EPS分析は売上高の正確な予想からスタートすることになる。売上高予想の方法は，様々だ。会社ガイダンスから予想，数量と単価から予想，受注高から予想，市場規模とシェアで予想，前年比の成長率で予想，前四半期比伸び率から四半期売上高の積み

上げで予想，競合企業の売上高から予想，地域別売上高から予想，などが挙げられる。投資家は，EPS予想のベースとなる売上高をなるべく正確に予想するために複数のアプローチをとる場合が多い。IR担当者とのミーティングでは，売上高予想のヒントになる情報を得るために，数量，単価，競合と市場シェア，市場規模，受注高，会社計画の前提，地域別の需要動向などに関する質問を投げかけることになる。企業が複数の事業セグメントを持つ場合は，投資家はセグメント別に売上高の予想を行う。例えば，ソニーの場合はゲーム＆ネットワークサービス（G&NS），音楽，映画，エレクトロニクス・プロダクツ＆ソリューション（EP&S），イメージング＆センシング・ソリューション（I&SS），金融の６セグメントについて売上高予想を行う必要がある。

製造業の場合では売上高予想の次は営業利益予想を行うことが多い。複数の事業セグメントを持つ企業の場合は，事業セグメントごとに営業利益の予想を行う。決算短信の「セグメント情報」で開示される区分は継続性があり，時系列で分析が可能だ（【図表２－13】）。ソニーの例では，G&NS，音楽，映画，EP&S，I&SS，金融という区分だ。セグメント情報が開示される理由は，セグメント間で売上高の成長性，固定費や変動費構造，営業利益率が異なるから

【図表２－13】ソニーのセグメント別実績と業績見通し（決算説明会資料）

2020年度 セグメント別 業績見通し

（億円）

		FY19	8月時点 FY20見通し	10月時点 FY20見通し	8月時点比 増減
ゲーム＆ ネットワークサービス（G&NS）	売上高	19,776	25,000	26,000	+1,000
	営業利益	2,384	2,400	3,000	+600
音楽	売上高	8,499	7,900	8,500	+600
	営業利益	1,423	1,300	1,520	+220
映画	売上高	10,119	7,600	7,600	–
	営業利益	682	410	480	+70
エレクトロニクス・プロダクツ＆ ソリューション（EP&S）	売上高	19,913	18,700	18,700	–
	営業利益	873	600	670	+70
イメージング＆ センシング・ソリューション（I&SS）	売上高	10,706	10,000	9,600	△400
	営業利益	2,356	1,300	810	△490
金融	金融ビジネス収入	13,077	14,000	14,600	+600
	営業利益	1,296	1,420	1,550	+130
その他、全社（共通）及び セグメント間取引消去	営業利益	△559	△1,230	△1,030	+200
連結	売上高	82,599	83,000	85,000	+2,000
	営業利益	8,455	6,200	7,000	+800

（出所）ソニー（2020年度第２四半期決算説明会資料）

だ。正確に全社の営業利益を予想するためには，各セグメントを別々に，営業利益および営業利益率を予想する必要がある。

セグメントによっては，投資家はさらに細分化したサブ・セグメントに分けて分析する場合がある。ソニーのG&NS事業では，ハードウエア，ソフトウエア，ネットワークサービスについての売上高と営業利益を別々に予想するケースが多いと思われる。I&SS事業では，スマートフォン1台当たりに使われるカメラの個数が増加すると売上が増加する。スマートフォンの販売台数は季節性が大きく，四半期によって売上が変動する傾向にある。イメージセンサーは装置産業なので，設備投資額が比較的大きく減価償却費の増加が営業利益に影響を与える。EP&S事業では，ソニーが得意とするハイエンドデジタルカメラやオーディオ製品と，競争が激しいスマートフォンでは売上高成長率やコスト構造に差があるため，別々に分析をする必要がある。ソニーの場合，為替レートの変動が各セグメントの利益に与える影響度が異なるため，為替レート影響のメカニズムについても理解する必要がある。投資家は，各セグメントの営業利益をできるだけ精緻に予想するために，売上高を決定する様々な要因に関する質問，営業利益に影響を与える様々なコストに関する質問をあらゆる角度から投げかける。そして，各セグメントの営業利益を積み上げて全社営業利益を予想する。IR部門は，投資家が全社の営業利益を予想するために必要となる各セグメントに関する情報を開示することが必要で，競争上不利にならない範囲で補足資料や決算データブックなどで補足的な情報開示を行う場合がある。

⑤　限界利益率[17]を使ったアプローチ

投資家の営業利益予想の方法として，限界利益率をベースにしたアプローチは押さえておいて損はなかろう。限界利益率を使った営業利益予想は，投資家やアナリストが外部から企業の営業利益を予想するのに有効な方法だ。限界利益率は（1－売上高変動費比率）で，売上高の増加分のうち営業利益の増加に

17　売上の増加分のうち，どのくらいが利益の増加分になるかを表すもの。限界利益率が高いほうが，売上の伸びに対して利益の伸びが大きくなる。限界利益率＝1－売上高変動比率。

【図表2－14】ソニーの製品カテゴリー別売上高（補足資料）

■ Sales to customers by product category (to external customers) 製品カテゴリー別 売上高（外部顧客に対するもの）

(Millions of yen)	FY18	FY19					FY20				
		Q1	Q2	Q3	Q4	FY	Q1	Q2	Q3	Q4	FY
G&NS	2,224,622	441,750	438,046	616,576	423,388	1,919,760	599,049	494,544			
Digital Software and Add-on Content	1,102,231	215,964	226,889	304,982	262,461	1,010,296	394,637	297,061			
Network Services	326,524	83,606	84,377	85,484	83,798	337,265	93,295	95,897			
Hardware and Others	795,867	142,180	126,780	226,110	77,129	572,199	111,117	101,586			
Music	795,025	200,038	216,742	213,861	207,951	838,592	173,735	228,419			
Recorded Music	426,926	111,962	112,202	125,939	117,050	467,153	98,086	123,324			
Streaming	227,513	66,482	66,797	72,812	69,948	276,039	68,900	78,827			
Others	199,413	45,480	45,405	53,127	47,102	191,114	29,186	44,497			
Music Publishing	106,666	39,290	38,407	39,716	40,065	157,478	31,096	37,560			
Visual Media & Platform	261,433	48,786	66,133	48,206	50,836	213,961	44,553	67,535			
Pictures	985,270	185,759	260,387	235,702	328,866	1,010,714	174,441	191,975			
Motion Pictures	436,017	80,870	140,371	101,345	152,475	475,061	65,077	91,161			
Television Productions	288,816	46,486	61,546	72,572	120,620	301,224	64,303	50,936			
Media Networks	260,437	58,403	58,470	61,785	55,771	234,429	45,061	49,878			
EP&S	2,303,167	480,656	486,311	645,818	357,095	1,969,880	327,393	500,683			
TV	788,423	147,761	166,479	235,859	96,414	646,513	106,568	204,618			
Audio & Video	362,580	78,743	83,754	121,742	61,821	346,060	47,081	83,887			
Still and Video Cameras	421,506	100,254	99,606	122,031	62,251	384,142	46,405	90,237			
Mobile Communications	487,330	100,550	77,714	113,500	70,380	362,144	94,229	79,140			
Other	243,328	53,348	58,758	52,686	66,229	231,021	33,110	42,801			
I&SS	770,622	211,175	285,579	277,816	210,689	985,259	198,371	283,954			
Financial (revenue)	1,274,708	334,820	375,089	405,382	184,556	1,299,847	444,916	372,107			
All Other	299,806	60,632	57,943	63,129	33,295	214,999	46,097	40,342			
Corp.	12,467	10,894	2,162	4,878	2,900	20,834	4,917	1,462			
Cons. Total	8,665,687	1,925,724	2,122,259	2,463,162	1,748,740	8,259,885	1,968,919	2,113,486			

（出所）ソニー（2020年度第2四半期連結業績補足資料）

貢献する割合を示す。例えば，製品Aの前年度（N年度）の売上高が1,000，営業利益が100（営業利益率10％）だったとする。翌年度（N＋1年度）の売上高が100増加する（10％増収）と予想する場合，限界利益率が70％だと売上高増分100のうち70が限界利益の増加として営業増益に貢献する。これに減価償却費など固定費の増減を加味すれば営業利益予想が計算できる。仮に固定費が20増えるとすると，翌年度の営業利益は150（100＋70－20），営業利益率は13.6％（150÷1,100）となる。売上高の伸びが100，固定費の増加が20と同じ場合でも，限界利益率が30％ならば，翌年度の営業利益は110（100＋30－20），営業利益率は10％（110÷1,100）となる。限界利益率が70％の場合，売上高の前年比伸び率が10％で営業利益が同50％増益となるのに対して，限界利益率が30％の場合，営業利益の伸び率は10％にしかならない。売上高の伸び率が同じでも限界利益率が高ければ増益幅が大きくなり，いわゆる「ポジティブサプラ

【図表2－15】限界利益率の差と営業増益率の差

(単位：円)	N年度	限界利益率70%の場合 N+1年度	限界利益率30%の場合 N+1年度
売上高	1,000	1,100	1,100
(前年比)		10%	10%
増収額		100	100
限界利益の増加		70	30
限界利益率		70%	30%
固定費の増減		20	20
営業利益	100	150 (=100+70-20)	110 (=100+30-20)
(前年比)		+50%	+10%
営業利益率	10%	13.6%	10.0%

イズ」の可能性が高くなる。逆に，限界利益率が低い場合は売上高の伸びに比べて利益の伸びが小さくなってしまう。

製品や事業によって限界利益率が異なる場合，売上高の伸び率が同じでも利益の伸び率に大きな差が出ることになる。市場の期待を上回るような利益成長が起きると株価が大きく動くことになるため，投資家やアナリストは限界利益率をベースにした分析を重要視する。投資家は限界利益率を正確に把握するために，各事業や製品の材料費，外注費，変動人件費などに関して詳細な質問を行う。営業利益の増減は，限界利益の増減に減価償却費や人件費などの固定費の増減を加えて予想する。減価償却費などの固定費が増えなければ，限界利益の増減がストレートに営業利益の増減につながる。減価償却費は，有形固定資産と無形固定資産にかかわるものがある。有形固定資産の減価償却費は設備投資額に比例し，大きな設備投資が発生した後は償却額が急増する場合がある。償却方法が定率法か定額法かによっても年間の償却額が異なる。無形固定資産の償却費は，買収金額が大きい場合，買収直後に大きな償却費が発生する場合があり，買収後一定期間経過後は大きく減少する場合がある。買収によって生じる「のれん[18]」の償却方法に関しては，日本の会計基準と国際会計基準では償却方法が異なる。投資家は，営業利益の予測精度を上げるために減価償却費，設備投資額，人件費，研究開発費などの固定費関連アイテムに関して詳細な質問を行うのである。

⑥ EPSの予想へ

各セグメントベースに売上高，営業利益を予想し全社営業利益の予想が完了したら，金融収益，金融費用，持分法投資損益（営業利益に入る場合もある），税金費用，非支配持分利益を差し引いて純利益を計算する。特別利益や特別損失に関しては，減損損失などを考慮するのは重要だが，当該年度以降の予想では正確な予想は難しいため，特別損益ゼロを前提とするケースが多い。為替差損益も同じだ。ただし，過去にM&Aを多く行ったり，生産拠点に多額の投資を行ったりしている企業に関しては，投資家は常に減損損失のリスクに細心の注意を払っている。EPS計算においては，正確には「潜在株式調整後1株当たり当社株主に帰属する四半期純利益」を予想する必要がある。普通株式の期中平均株式数に加えて，新株予約権[19]や転換社債[20]による希薄化後[21]の株式数の予想が必要となる。このようなプロセスで投資家は，1期先，2期先，3期先，場合によっては5期先までのEPS予想を行う。そのために，売上高や営業利益に関する質問に加えて，金融収支，実効税率，自社株買いや株主還元の方針などに関する質問を行う。

---

18 企業が買収を行った時に発生する，買収に支払った金額と被買収企業の純資産の差額。無形固定資産の一種。のれん＝買収金額－買収される企業の純資産。

19 発行企業の株式をあらかじめ決められた価格で取得できる権利。

20 正式名称は転換社債型新株予約権付社債。発行の時にあらかじめ決められた価格で株式に転換することができる債券。

21 転換社債の株式転換などにより発行済み株式数が増加し，既存株主の1株当たりの純利益や純資産が小さくなること。

⑦　株価ドライバー[22]とは

株価が利益，特にEPSの変化によって動くという前提に立つと，EPSを動かすいくつかの要因が株価を動かすという見方もできる。いわゆる株価ドライバーだ。例えば，四半期利益の先行指標となる月次売上高，売上高の先行指標となる受注高などがこれに当てはまる。投資家は，他の投資家より早く有益な投資案件を発掘し投資しようとする。決算発表を待っていては，すでに時遅しという場合もあり，株価に影響を与える可能性があるあらゆる情報に対してアンテナを張っている。業界や企業によっては，中長期的な経営の方向性やマネジメントの考え方より，株価ドライバーに関心が高い場合がある。半導体製造装置の場合は，受注が拡大すればプラス材料，受注が減少すればマイナス材料と捉える場合が多く，投資家やアナリストによる受注のボトムやピークのタイミングに関する質問が集中してしまう場合がある。海外の半導体製造装置企業は，受注を公表せず，中長期的な半導体製造装置業界のトレンドの中で今後3カ月，6カ月の方向性に関する説明を行う方式に変わってきている。短期的な業績ばかりを追いかけるいわゆる「ショートターミズム[23]」的な投資家ばかりが注目する銘柄となるのを避けるためにも，IRがどのような情報を開示するかを取捨選択することは重要と思われる。

⑧　年度ベース予想と四半期ベース予想

四半期決算が始まって以降，投資家は売上高，営業利益，EPSなどの業績予想を四半期ベースで行うことが多い。特に海外企業は翌四半期の売上高やEPSの会社計画を公表する場合が多く，年度ベースはもちろん四半期ベースでの分析が重要となる。業種によっては年間ベースの利益予想で十分な場合もあるが，年間ベースでの利益の進捗状況を把握するために粗々でも四半期ベースで売上高，営業利益の予想を行う投資家は多いと思われる。四半期決算で利

22　受注金額，製品の価格や市場シェア，競合企業の開発動向，顧客企業の製品売れ行き，統計データなど，株価を動かす要因になり得るもの。株価ドライバーは，直接的あるいは間接的にEPS予想もしくはPER倍率を変化させる可能性があり，各企業によって異なり，また同じ企業でも時期によって変化することがある。

23　短期志向のこと。月次売上高や四半期決算など短期的な業績に基づいて売買を行い，利益を追求すること。

益がコンセンサス予想に対して大きく上振れ／下振れする場合，株価は大きく変動する可能性が高い。投資家は，四半期ごとにポートフォリオの成績を年金スポンサーなどのアセット・オーナーに報告する必要があるため，四半期ベースでのポートフォリオの成績が非常に重要となる。ポートフォリオマネージャーやバイサイドアナリストは，四半期決算における「ネガティブサプライズ」を避けるために，なるべく正確に四半期ベースで業績を予想する。IRとしては，四半期ベースでの業績の変動ばかりを聞かれても困るだろうが，投資家側もアセット・オーナーへの報告義務があり，最悪の場合，契約打切りのリスクがあるので，四半期ベースでの細かい業績予想が必要になる。このような理由により，投資家は四半期ベースで様々な質問を行うことになる。

「ショートターミズム」の影響が問題となっている現在，企業側のメッセージの発信の仕方によっては，四半期ベースよりも２年後，３年後，さらには５年後の企業の成長ストーリーで投資家が投資を行うケースがある。その場合，長期的なストーリーが崩れていない限り，四半期業績の多少の変動では投資家は株を売却しないだろう。あまりにも短期的な株価ドライバーにばかり質問が集中する企業は，中長期的な経営戦略や成長ストーリーに説明の力点を移すことが有効かもしれない。どの発行体企業も，株主には長期にわたって株を保有してもらいたいと考えるだろう。経営トップが魅力的な経営目標を掲げ，それに強くコミットし，マネジメントとIR部門が一体となってそのメッセージを株式市場に伝えることができれば，企業にとって好ましい株主構成となり，ひいては株価上昇を通じて株主の利益へつながると思われる。

⑨ 成長ストーリーとPER倍率拡大

株価が上昇する要因として，EPSの拡大とPER倍率の拡大の２つが考えられるのは前述のとおりだ。EPSとPER倍率では，EPSの変化のほうがわかりやすく，変化する可能性が高い。「買い」や「売り」の投資判断を下す場合，コンセンサスEPSと各自のEPS予想のギャップを発見するような分析のほうに重きが置かれるだろう。

一方で，PER倍率の拡大も株価を押し上げる要因として重要なのも事実だ。

企業の売上高や利益が，中長期的な大きな社会的な構造変化によって拡大するならば，短期的な業績変動による株価の変動が小さくなり，リスクの低下が株主資本コストの低下となり，PER倍率が拡大する可能性がある。自社のビジネスが，いわゆる「メガトレンド[24]」に乗って拡大するならば，その企業はメガトレンド関連銘柄となり，個別株としての投資対象になる上に，テーマ型投資信託[25]やテーマ型ETF[26]への採用銘柄となり積極的な買い圧力が中長期的に発生する可能性がある。電気自動車，人工知能，自動化ロボット，遺伝子工学，気候変動，少子高齢化などのメガトレンドは，中長期的な利益成長の期待値上昇につながり，ひいてはPER倍率拡大につながる可能性もあろう。

海外投資家にとって日本株は世界の多くの投資対象の中の１つで，日本企業１社に分析の時間を多く割けない投資家も多いだろう。企業は，自社の売上高や利益が中長期的な社会構造の変化によって拡大するならば，自社の「成長ストーリー」をわかりやすく海外投資家に伝えることが望ましい。投資家は，社会構造変化という「メガトレンド」と，投資対象企業の「ストーリー」が成立している限りは，短期的な業績の変動に関して細かい説明を求めることもなかろう。IRミーティングは成長分野に関する本質的な議論が中心となり，次の四半期の受注が改善する可能性やその水準などを当てようとするためのミーティングは減るかもしれない。

社会的なメガトレンドは，景気変動の影響を受けるものの，中長期的には景気の波を乗り越えて変化が実現化する。メガトレンドに関連する銘柄の株価は，中長期的なポートフォリオのパフォーマンスに貢献する可能性が高いと思われる。さらに，中長期的な業績拡大への期待や信頼は，短期的な株価の変動（ボラティリティ）を抑え，短期的なパフォーマンスの改善にもつながる可能性がある。株式市場は効率化しており大きな超過利益（アルファ）を獲得すること

24　中長期的に起こる社会構造や生活様式などの変化。短期的な変動を吸収して，中長期的な構造変化をもたらすもの。

25　中長期的な構造変化となるテーマに関連した銘柄で構成された投資信託。

26　中長期的な構造変化となるテーマに関連した銘柄で構成された上場投資信託。ETFは，Exchange Traded Fund（上場投資信託）を表す。

は，多くの投資家にとって難しい環境になりつつある。投資家は，投資対象を分析する際に短期的な変動（ボラティリティ）を下げ，中長期的なアルファ創出に貢献する「ストーリー」を重視するだろう。海外投資家は，日本だけでなくグローバルな視点でメガトレンドを分析しており，分析対象企業のビジネスとメガトレンドとの関連性をみつけようとしているかもしれない。経営トップとIR担当者は海外投資家の質問の裏にある「ストーリー」作成プロセスにプラスになるような返答が求められるだろう。

⑩ 様々な投資判断，目標株価設定の方法

目標株価の設定方法は，1つではなく複数の方法が存在する。EPS予想にPER倍率を掛けて算出する方法以外にも，1株当たり純資産（BPS）を予想し，それに株価純資産倍率（PBR）を掛けて目標株価を設定する方法もある。EBITDAを予想し，それにEBITDA倍率を掛けて企業価値を計算し純負債を引いて（余剰現金を足して）株主価値を計算し，最後に株数で割って目標株価を算出する方法もある。将来のフリー・キャッシュ・フローを予想し，資本コストで現在価値に割り引いて計算する現在価値割引法（DCF法）も有力な目標株価設定の方法だろう。いずれの方法も，将来の売上高，営業利益，純利益を予想することに変わりはなく，目標株価の設定方法が異なっても投資家が分析する上で必要な情報は大きく変わらないと思われる。

PBR倍率について簡単に補足しておきたい。PBR倍率は配当割引モデル（DDM）から一定の仮定をおいて式展開し単純化すると，PBR ≒（株主資本利益率－長期利益成長率）／（株主資本コスト－長期利益成長率）と表される。企業Aの株主資本コストが8％，長期利益成長率が0％の場合を考える。企業Aの1期先のROEを8％と予想する場合，PBR倍率は1倍（8％／8％）と計算される。企業Aの目標株価は，前期のBPSに予想EPSを足して配当金を引いた予想BPSにPBR倍率1倍を掛けて算出することになる。仮に企業AのROEが16％になると予想するならば，PBR倍率2倍（16％／8％）を適用することになる。

【図表2－16】PBRの理論的な考え方

$$\text{PBR} \fallingdotseq \frac{\text{株主資本利益率} - \text{長期利益成長率}}{\text{株主資本コスト} - \text{長期利益成長率}}$$

例1)ROE 8%，株主資本コスト8%，長期利益成長率0%の時

$$\Rightarrow \text{PBR} \fallingdotseq \frac{8\% - 0}{8\% - 0} = 1.0\text{倍}$$

例2)ROE16%，株主資本コスト8%，長期利益成長率0%の時

$$\Rightarrow \text{PBR} \fallingdotseq \frac{16\% - 0}{8\% - 0} = 2.0\text{倍}$$

例3)ROEが，株主資本コストより小さい時

$$\Rightarrow \text{PER} < 1$$

株主資本コストが低く利益成長率が高い企業のPBR倍率は高くなる傾向があることがわかる。さらに，自社の予想ROEが株主資本コストを下回る場合，自社のPBR倍率は1倍を下回ることになる。株主資本コスト8%を前提とすると，仮にPBRが0.5倍であっても，4%程度のROEしか達成できないならば，投資家はその株価を妥当と考え，決して割安とは考えないだろう。

(3)　ESG，SDGsへの対応

近年，企業にとって環境（Environment），社会（Social），企業統治（Governance）の「ESG」や，持続可能な開発目標「SDGs」への取組みがとても重要になっている。ESGファンドやグリーンボンド[27]によって，ESGやSDGsを積極的に推進している企業は資金調達がしやすい環境にもなりつつある。電気自動車のように，自社の製品や技術が直接的に環境問題の解決に貢献しやすい場合は，売上高，EPSの拡大が株主価値の拡大へとつながり，効果がわかりやすい。二酸化炭素排出削減，コーポレート・ガバナンス強化や社会活動の成果は，中

27　企業や地方自治体等が，国内外の環境問題解決に関連するグリーンプロジェクトに要する資金を調達するために発行する債券。

長期的な効果は期待できるが１－２年では効果が測定しにくく，短期的なEPS の拡大を伴う株主価値の上昇にはつながりにくいかもしれない。

一方で，環境問題解決に積極的な企業は，自社の気候変動への危機管理体制の強化へとつながり，経営の安定性が増す可能性がある。コーポレート・ガバナンスの強化は経営の透明性を高め，企業の不祥事のリスクを低くするだろう。社会課題の解決は，従業員の満足度向上や一般社会からの評価改善などにつながるだろう。これらの効果は長期的な利益成長だけでなく，資本コストの低下を通じて PER 倍率や PBR 倍率の上昇につながり，比較的短期間での株主価値の上昇をもたらす可能性がある。

最近では，財務的な利益と並行して社会や環境へのインパクトを同時に生み出す企業に投資する「インパクト投資」が脚光を浴びつつある。ESG や SDGs の取組みに積極的であれば，投資家の投資対象選考プロセスで投資対象として選ばれる可能性が高まろう。ESG に積極的でない企業は，投資対象から外されるケースが増えており，EPS は拡大するのに PER 倍率の低下によって株価が上がらないという現象が起こっている。IR 部門は，ESG や SDGs に対する取組みに関しても積極的かつ適切に投資家とコミュニケーションを行う必要があろう。

ESG に積極的に取り組む企業の声として，次のような意見が聞かれた。「ESG グローバルファンドだと全体で30－40社，うち日本株の組み入れ数は４－５社ぐらいしか保有してもらえないケースが多い。脱炭素経営ならＡ社，女性活躍度ならＢ社，省エネ貢献ならＣ社という具合に選別が厳しいのが実情だ。ESG に取り組む上で考えるべきことは，日本株として保有してもらえるような１社になることだ」。ESG や SDGs への取組みも，実際のビジネスと同様に創意工夫や競合他社との明確な差異化が必要な時代に入りつつあるようだ。

なお，ESG に関する投資家を取り巻く環境変化や，機関投資家や議決権行使助言会社による議決権行使に関しては，第３章で実例を交えて掘り下げて議論する。

コラム

海外投資家と良好な関係を築いた日本のテクノロジー企業のIR

<東京エレクトロン>

東京エレクトロンのIR部門は，主力製品の半導体製造装置の競合企業であるアプライド・マテリアルズ（AMAT）やラムリサーチと常に比較される立場にある。半導体製造装置は２－３社が高い市場シェアを有する寡占市場なので，競合他社の市場動向や競争環境に関するコメントをセルサイドアナリストや投資家が常にチェックしている。投資家は，米国本場仕込みのIR活動を展開するAMATやラムリサーチの開示内容，技術説明およびプレゼンテーション手法を標準的なIRと考えるだろう。東京エレクトロンは，製品と同様に米国競合企業と常に競争しながらIR活動を展開することになる。一方で，東京エレクトロンはAMATのIR手法の手の内を知っているともいえよう。成立しなかったが，東京エレクトロンとAMATは過去に合併する計画があった。東京エレクトロンの経営陣はAMATとの度重なる合併交渉を経て，AMAT経営陣の資本市場への対応の仕方，業績に対するコミットメント，IR手法を肌感覚で理解したと思われる。経営トップがIRに対して強いサポートをするならば，その企業のIRは自然とレベルアップすると思われる。同社は，まさにその典型といえるだろう。東京エレクトロンは，IRにおいても世界を舞台に着実に経験を積み重ねる中で国内投資家だけでなく海外投資家からも高い評価を獲得したと思われる。

6 IRミーティングに向けての準備

(1) 海外投資家対応の心構え

投資家の目的は，海外投資家であれ国内投資家であれプラスの運用成績を残すことだ。投資家の投資プロセスや思考プロセスを理解していれば投資家に対して異なった対応を取る必要はないと思われる。一方で，海外投資家と国内投資家の差が全くないかというとそうでもない。筆者は，米系運用会社，米系証券会社，欧州系証券会社に勤務し，バイサイドアナリストおよびセルサイドアナリストとして外国人ポートフォリオマネージャーや外国人バイサイドアナリストに投資アイデアの推奨を行ってきた。海外投資家の特徴としては，はっきり意見を言うことが挙げられよう。結論に賛成できなければ，社長に対しても「御社の方針には賛成できません」とはっきりと意見を言う傾向にある。別に悪気があるわけではないが，遠慮や忖度することなく徹底的に議論を交わし，時には自分の意見を推し通そうとするかもしれない。世界のすべての投資家に自社の経営戦略，投資戦略，株主還元施策などに関して100%納得してもらうのは非現実的ともいえよう。IR担当者は，ある程度の割り切りが必要な場合もあろう。あくまでも丁寧かつ論理的に自社の方針を説明することが重要と思われる。

海外投資家がフラストレーションを抱える例としては，特定顧客の動向などの質問に対し，企業が何も答えない場合が挙げられよう。投資家の質問に対して「それは答えられません」という回答だけでは，投資家もわざわざ時間を費やしてIRミーティングに参加する意味がない。投資家の多くは，質問に対して常にパーフェクトな回答を期待しているわけではない。IRとしては，一般論としての顧客戦略や過去の事例を使った説明など，多少の説明を加えて回答することが望ましい。企業風土や従業員の業務に対する姿勢は，「一事が万事」だ。企業風土として顧客重視を徹底している企業は，IR部門の投資家に対する対応も自然と満足度が高いレベルになるだろう。逆に，IR部門が投資家の

【図表2－17】アップルの決算電話会議の議事録例（2020年度第3四半期）

Company Name: Apple Inc
Company Ticker: AAPL US Equity
Date: 2020-07-30

Q3 2020 Earnings Call

Company Participants

- Luca Maestri, Senior Vice President and Chief Financial Officer
- Tejas Gala, Senior Manager, Corporate Finance and Investor Relations
- Timothy D. Cook, Chief Executive Officer

（出所）ブルームバーグ

ニーズを把握できていない企業は，製品開発や営業部門も顧客のニーズに対応できていないという可能性がある。IR部門は，企業全体のあらゆる面を映し出す鏡だという意識を持つ必要がある。

海外企業は四半期ごとに決算電話会議を行っている。ブルームバーグ端末では，多くの企業の決算電話会議の質疑応答の議事録を公開しており，欧米投資家がどのような質問を投げかけ，企業のトップマネジメントやIR担当者がどのように回答しているかを知ることができる（【図表2－17】）。企業の多くは質問に対してパーフェクトな回答をするわけではないが，投資家の質問の意図を理解し投資家の疑問をなるべく晴らすような回答を心掛けているのがわかる。前述のように，投資家の多くは，利益予想や成長ストーリー構築のために様々な角度から質問している。投資家の分析プロセスに少しでも役に立つような回答ができれば，IR部門と海外投資家とのコミュニケーションがより意義のあるものになると思われる。

(2)　海外企業の IR から学ぶ「なぜうちの会社の株を買うべきか」

IR 担当者が海外投資家に対して認識しておいたほうがよいことは，「投資家は目が肥えている」という点だ。特に海外投資家は，IR に積極的な海外企業の魅力的な成長ストーリーや外国人特有の優秀なプレゼンテーションを数多く見ている。投資家が，無意識のうちに日本企業の IR と海外のトップレベルの IR を比較してしまうのは仕方がないだろう。

海外企業は，「なぜ自社の株を買うべきか」に関するストーリーがしっかりしている。自社が属している市場が中長期にわたって成長する理由を社会の構造変化などのメガトレンドに関連付けて説明する。自社の強みを競合企業との比較を用いて投資家にわかりやすく伝える。営業担当者が自社の製品を顧客に販売する際に，自社製品が他社製品より優れており，顧客が購入するメリットを論理的かつ印象強く説明するのと同様に，IR 部門は自社の魅力をわかりやすく，かつ説得力を持って投資家に説明することが求められるだろう。その際にも前述のように，IR 部門が投資家の興味・関心を理解した上で自社の利益がどのような形で成長していくか，PER 倍率がどのような成長ストーリーで拡大するかを説明できれば，投資家の納得度，満足度は上がるだろう。投資家の投資プロセスを理解した上で，海外企業の IR の長所を取り入れることができれば，海外投資家との IR ミーティングは実り多きものになると思われる。

(3)　効率的な IR ミーティングのために

企業が投資家と IR ミーティングを行う際にできれば事前に把握しておいたほうがよい点として，投資家が IR ミーティングを行う真の目的を把握することが挙げられる。投資家の投資プロセスには共通する点が多いものの，投資家が IR ミーティングを行う目的は様々だ。現在の買い（もしくは空売り）ポジションを継続するかどうかの確認のミーティング，明日にでも買い（もしくは空売り）ポジションを作るための最終確認ミーティング，四半期決算後に数字を確認する定期的なミーティング，技術的な競争優位性を理解するためのミーティング，日本に訪問する際に他の企業とセットで設定したミーティング，などがあろう。当該日本企業が，海外投資家がすでに投資している企業の競合に相当する場合，単に競争相手としての情報を得るためのミーティングという場合もある。投資家は自分たちの投資ポジションや株式の保有情報を共有できない場合が多いが，できれば事前に，もしくはミーティングの最初にミーティングの目的を少しでも把握することが望ましい。

IR ミーティングは60分程度の短い時間の中で，投資家と発行体企業の双方にメリットがあるようにすべきだ。企業側がどのミーティングでも同じような内容を同じような時間配分で説明すると，場合によってはお互いにとって時間のロスになることもある。たとえ，競争相手の情報を得ることが主目的のミーティングでも，後半の5分，10分で自社の魅力を伝えられれば，将来の投資候補として選択肢に入る可能性もある。競合企業に関して投資家と議論や意見交換を行う中で，自社の IR 活動の改善につながるヒントが得られる場合もあろう。フェア・ディスクロージャー・ルールの原則は遵守しながらも，投資家の目的に応じてアクセントをつけたミーティングを行うことができれば，投資家と企業のお互いにとって効率的かつメリットが大きいミーティングになると思われる。

(4)　IR 担当者の確認事項

IR 担当者は，投資家やアナリストとのミーティングの前に，以下の項目に関して事前に頭に入れておく必要がある。セルサイドアナリストの自社に対する「買い」，「中立」，「売り」レーティングの人数，過去数カ月でのレーティング変更とその理由，セルサイドアナリストの目標株価の分布，自社の1期先のコンセンサス売上高・営業利益・純利益（EPS）予想，2期先のコンセンサス売上高・営業利益・純利益（EPS）予想，自社の株価の推移（株価指数や同業他社との相対株価を含む）などだ。コンセンサス予想の数字に関しては，入手可能ならば年度ベースに加えて四半期ベースでも頭に入れておくとよい。重要なことは，ミーティングの前に投資家やアナリストと目線を同じにしておくことだ。自社の株式市場での評価が高いのか低いのか，その理由は何かを知って

【図表2－18】セルサイドアナリストレーティング（村田製作所の例）

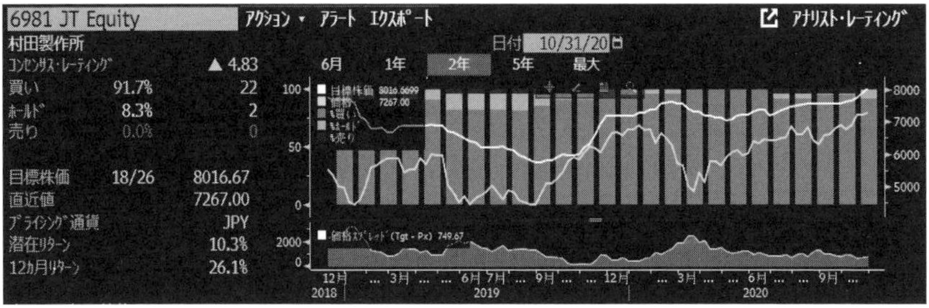

（出所）ブルームバーグ

いれば，投資家からの質問内容も予想することができ，的確な回答が可能となる。投資家は，コンセンサス売上高や利益に対するアップサイドやダウンサイドリスクを分析し投資機会を発見しようとするので，ミーティングの中でも関連した質問がなされる可能性がある。自社の株価パフォーマンスが堅調あるいは不調な場合，それには理由があると思われる。株価が好調あるいは不調な理由が，自社の受注や売上動向なのか，競合との業績の差なのか，業界全体動向が要因なのかを知っていれば，投資家とのミーティングがよりスムーズに運ぶだろう。

IR担当の重要な仕事の1つは，株式市場の声を経営陣に伝えることだ。コンセンサス利益予想が，会社の利益計画と大きく乖離している場合がある。コンセンサス利益予想が会社計画に対して高い場合，株式市場は統計データや同業他社の決算などから，この企業ならこのくらい高い利益が出せるはずだ，とみているのだろう。企業は，将来の市場動向や競争環境を正しく見通せておらず，利益予想の精度が低くなってしまっているのかもしれない。単に保守的に会社計画を発表している場合もあるが，コンセンサス利益予想が会社計画より10％以上高い場合は，いくら会社計画を達成してもコンセンサス利益予想に満たなければ株価はマイナスに反応する公算が大きい。実際の利益がコンセンサス予想より低い水準で着地したならば，当該企業は競合企業にシェアを奪われていたり，利益率が劣っていたりする可能性がある。このような点をIR担当者は経営陣に正確に伝える必要がある。将来の事業環境を見通す能力が高まれば，企業が売上高や利益を成長させる可能性は高まろう。会社計画は，高過ぎたり低過ぎたりすると逆にミスリーディングになる場合があるので，なるべく高い精度で会社計画を作成し公表することが望ましい。

自社のレーティングや株価のパフォーマンスに関しても同様だ。IR 担当者は，自社のレーティングが同業他社に対して明らかに低い場合や，株価のパフォーマンスが他社に比べて劣っている場合は，その事実を経営陣に伝え，考えられる理由に関して議論を行う必要があろう。株式市場の目線と経営陣の目線を同じ水準に合わせ，経営陣の考えを投資家にわかりやすく伝えるようなお膳立ての役割が IR 部門に求められる。

コラム

海外投資家と良好な関係を築いた日本のテクノロジー企業の IR

<ディスコ>

ディスコの IR 活動は，他社と比較してユニークな点が複数存在する。決算後に決算のポイントやアナリストとの質疑応答をユーチューブ（YouTube）で配信したり，期の途中には「ミッド・クォーター・アップデート」を配信したりする。これらは，フェア・ディスクロージャーを目的にしたものだ。副次的な効果としては，文章や数字を含めて動画配信しており，株式市場に誤って情報が伝わる可能性を減らせる。IR 担当者は，複数の異なる投資家に同じ内容を何度も繰り返し説明することが多く，YouTube による動画配信は効率的な方法だ。投資家が IR ミーティングのアポイントメントを取る場合，ディスコがインターネット上で示す IR ミーティングの空きスロットから投資家が選択し日程を確定する。電話や電子メールでのやり取りが減少し，二重予約のリスクも低減し効率的だ。決算後２－３週間程度経つと，個別 IR ミーティングでよくある質問に対する回答集「One on One Meeting FAQ」が投資家やアナリストの元に電子メールで送られてくる。ディスコの取組みは，IR 業務だけでなく，投資家の生産性向上にも貢献する。

同社 IR がこのようにユニークな取組みを行う背景は，ディスコの企業風土および「WILL 会計」という同社特有の経営手法によるところが大きい。IR の目的を明確に定義し，その目的を達成するために様々な工夫が施されている。IR 部門の様々な改善活動を見ると，開発，製造，営業など他の部門も目的を明確化し，その目的を達成するために様々な工夫や改善を行っていることが伝わってくる。

第3章

海外投資家対応～議決権行使担当者等へのSR活動

三井住友信託銀行株式会社　証券代行コンサルティング部　井上　肇

【本章のポイント】

- ☑SR活動は，株主との対話により経営への信任を獲得するとともに，株主の期待を収集して経営に反映させていくプロセスであり，企業価値向上に向けて不可欠な活動である。
- ☑投資家はESGについての関心を高めており，企業においてはガバナンスや気候変動等についての開示や対話も重要となっている。
- ☑多くの企業が本章に記した事例やアプローチを参考として，実質株主やその議決権行使基準，議決権行使状況を把握し，対話を実践していくことを期待したい。

1　海外投資家の議決権行使担当者等との対話（SR活動）の目的と意義

日本企業の株主構成に占める海外投資家の割合は前章までに指摘したように上昇している。加えて本章で紹介するように，海外投資家のガバナンス等に対する期待水準は高まっており，議決権行使基準も厳しくなっている。このことが株主総会における会社提案への賛成率の低下をもたらし，株主提案への賛成率の上昇をもたらしている側面がある。

海外投資家とのIRによる対話については，すでに多くの企業で取り組んでいる。三井住友信託銀行「ガバナンスサーベイ2020」[1]によると，海外投資家との個別面談を実施している企業は42％，時価総額別では300億円未満で22％，300～1,000億円未満で53％，1,000～5,000億円で81％，5,000億円以上で90％となっている。また，企業の株主名簿に記載される信託銀行やカストディアンは投資判断や議決権行使の権限を有する実質株主ではないことから，投資家と対話を行うにあたっては，対話の相手となる投資家が自社の株式を保有している実質株主かどうかを確認することが重要だが，外国人実質株主判明調査を実施している企業は同サーベイによると29％，株主構成別では外国人比率が10％未満の企業で８％，同10％台で39％，同20％台で61％，同30％以上で80％となっている。

一方で，IRによる株主づくりや実質株主の把握の次のステップとなる，株主となった機関投資家の議決権行使担当者等との対話を行うSR（Shareholder Relations）活動は，まだ一部の企業が実施している段階にとどまっている。

SR活動とは，自社の株主となった投資家に対して，自社の経営体制や経営戦略の理解浸透を進め，また一方で株主の期待を収集して経営に反映していくことで経営陣と株主との長期視点のベクトルを合わせ，それをもって企業価値

1　2020年８月～10月に実施，上場企業1,664社から回答。

向上を図る活動をいう。より具体的には，機関投資家の議決権行使担当者等に対して，平時においては長期ビジョンやガバナンス状況等の説明，株主提案の発生等の有事の際には議案に対する取締役会意見の説明等を行う活動である。

株式会社においては株主総会が最高意思決定機関であり，取締役等を選任し，あるいはそのほかの議案を審議・採決する。そして，選任された取締役等の経営陣の下で業務の監督と執行が行われる。このことから，経営陣は株主の期待を把握し，あるいは経営陣の考える経営戦略について株主への理解を深め，より多くの株主からの信任を獲得し，または株主の期待や要望を収集して経営戦略へと反映させることで信任を確保することが重要である。特に過去の株主総会において議案への反対率の高かった企業にとって株主との対話が重要であることは自明であることに加え，株主総会の運営に特段の懸念がないと考える企業においても，株主投資家の期待や企業を取り巻く外部環境は常に変化していることから，自社についての株主からの評価を対話から収集し，経営戦略や開示などに生かしていくことは重要である。さらに，平時からのSR活動により長期保有の株主投資家との対話を行い，株主からの厚い信任を得られれば，仮にアクティビスト等のモノ言う投資家が出現したとしても，経営陣は自信をもって，その他株主の支持を得た経営戦略を推進することができる。

本章では，SR活動の中でも海外投資家向けの活動に焦点を当てる。企業にとっての海外投資家向けSR活動の目的や投資家側の考え方と活動状況に加え，実際に取り組むにあたっての方法をご理解いただければと考えている。

2　投資家を取り巻く環境

世界各国・地域にはそれぞれ歴史があり，投資家も同様である。海外のそれぞれの地域におけるコーポレートガバナンス・コード等は日本企業が直接に採用を求められるものではなく，投資家が自国企業と外国企業に期待する成長率や企業統治水準等は異なることもある。一方で，それぞれの地域の投資家はそれぞれの地域の企業に求めている水準を考え方の起点としていると想定されることから，海外投資家との対話を行う際には，それぞれの投資家の考え方を把握しておくことが重要である。

(1)　グローバルな動向

グローバルに投資家や経営者がESGという言葉を使うようになっている。ESGという言葉は，Environment（環境），Social（社会），Governance（ガバナンス）の頭文字であるが，2006年に国連で責任投資原則（UNPRI：United Nations Principles for Responsible Investment，**【図表3－1】**参照）が提唱されたことから広まった。UNPRIは，国連のアナン事務総長が2005年に大手投資家等に声掛けし，国連環境計画（UNEP：United Nations Environment Programme）等を事務局として持続可能な発展のための投資家の責任についての考え方を取りまとめ，示したものである。この取りまとめの過程でフレッシュフィールズ・ブルックハウス・デリンガー法律事務所が2005年に作成した報告書では「投資分析において，財務実績の予測信頼性を高めるためにESG問題を考慮することは明らかに許容されることであり，どの司法管轄においても必須であるだろう」とし，ESGが運用機関のフィデューシャリーデューティー（受託者責任）に反しないとされた[2]。アナン事務総長はPRI公表の際に責任投資原則を起草した背景を「金融は世界経済を動かす力となっているものの，投資判断の際にE，S，Gや持続可能性の観点からの検討が十分に反映されていないこと」と語っている。

また，2015年にはPRI等が「21世紀の受託者責任」とするレポートを公表し，その中ではESGを考慮しないことはフィデューシャリーデューティーに反するとされている。同じく2015年の国連持続可能開発サミットでは「持続可能な開発のための2030アジェンダ」が採択され，その中で2030年までの達成を目指す17の持続可能な開発目標としてSustainable Development Goals（SDGs）が

2　UNEP Finance Initiative “A legal framework for the integration of environmental, social and governance issues into institutional investment”

【図表3－1】UNPRIによる責任投資6原則

原則1：私たちは投資分析と意思決定のプロセスにESG課題を組み込みます。
原則2：私たちは活動的な所有者となり，所有方針と所有習慣にESG問題を組入れます。
原則3：私たちは，投資対象の企業に対してESG課題についての適切な開示を求めます。
原則4：私たちは，資産運用業界において本原則が受け入れられ，実行に移されるよう働きかけを行います。
原則5：私たちは，本原則を実行する際の効果を高めるために，協働します。
原則6：私たちは，本原則の実行に関する活動状況や進捗状況に関して報告します。

定められた。さらに，同年の第21回国連気候変動枠組条約締約国会議(COP21)では世界の平均気温上昇を2℃未満に抑えるために温室効果ガス排出量を削減する方針が採択された（パリ協定）。

このようなESGに係る議論の進展に呼応して，運用機関とそのアセット・オーナーにおけるESGの観点の投資判断や議決権行使判断への反映が進んでいる。2021年1月18日時点でのPRI署名機関数は全世界で3,600機関超，2020年3月時点の運用資産合計は103.4兆ドルまで増加している。

(2)　地域別の動向

①　米　国

米国では，1974年に制定されたERISA法（Employee Retirement Income Security Act：従業員退職所得保障法）とその解釈通達が，企業年金の投資運用や議決権行使のスタンスに影響を与えてきた。

議決権行使については同法に明確な記載がなかったが，1988年に労働省からエイボン社やその年金基金の受託者に対して送付された書簡（通称：エイボン・レター）において，議決権行使が受託者責任に含まれることが明確化され[3]，これを期に運用機関や年金等は議決権行使を行うようになっている。ESG投資については，1994年の解釈通達[4]において，受益者の利益以外の経済的利益を目的とする投資についてもリスクリターンがその他の投資と同等であれば受託者責任に反しないとされた。また1998年の労働省から運用会社カルバートへの質問回答書（通称：カルバート・レター）において，SRI ファンドへの投資も許容されるとされた[5]。

しかしその後，米国では ESG の受託者責任における位置づけが二転三転して現在に至っている。2008年の解釈通達[6]では，1994年の解釈通達で想定された投資は稀であるべきでその投資の際にはフィデューシャリーデューティーに反しないことを明確にするべきとされた。一方で2015年の解釈通達[7]でこの2008年の解釈通達は取り消され，ESG 要素を投資方針やリスクリターン評価等に取り入れることは受託者責任に反しないとされた。さらに2020年10月に労働省は，年金基金等は投資目的として金銭的な利益のみを考慮すべきであり，その範囲内で ESG 投資も行われるべきこととする規則を制定している。

また，2020年12月に労働省は，株主総会に上程される株主提案が増加している一方ですべての議案に対して議決権行使を行う責務があると一部で理解されている可能性があるとして，年金基金は議決権を行使するにあたってその加入者および受給者の利益に照らして適切に行使すべきであり，保有株式の水準や行使に費やすコストも勘案して行使の要否を検討すべきなどとする規則を制定した。このことから，今後の米国の年金基金による議決権行使の状況には注視していく必要がある。

なお，米国においては，2001年と2002年のエネルギー大手エンロン社とワー

3　2509.94-2 Interpretive Bulletins relating to the Employee Retirement Income Security Act of 1974; Final Rule

4　2509.94-1 Interpretive bulletin relating to the fiduciary standard under ERISA in considering economically targeted investments

5　Advisory Opinion 1998-04A

6　2509.08-1 Interpretive bulletin relating to the fiduciary standard under ERISA in considering economically targeted investments

7　2509.2015-1 Interpretive bulletin relating to the fiduciary standard under ERISA in considering economically targeted investments

ルドコム社による粉飾決算・経営破綻や2008年のサブプライムローンからの金融危機発生もあり，短期利益主義への反省やガバナンス，役員報酬等への関心も高くなっている。

②　英　国

英国では，上場企業が守るべき規範とされる「コーポレートガバナンス・コード」は，1992年の「コーポレートガバナンスの財務的側面に関する報告書」(通称：キャドベリー報告書）に起源をもち，直近では2018年に改訂を行っている。

コーポレートガバナンス・コードとは，上場企業が企業統治（コーポレート・ガバナンス）を図る上で参照すべき原則や指針を取りまとめたガイドラインである。コーポレートガバナンス・コードは会社法や金融商品取引法（以下「金商法」という）といった法律（ハードロー）とは異なり，法的拘束力を有しない「ソフトロー」であり，コーポレート・ガバナンス向上のための一定の原則を示しつつも，具体的な施策を個々の企業の自主的な規律に委ねている。すなわち，各企業はコーポレートガバナンス・コードのすべてを遵守する義務を負わず，むしろ自らの経営方針に従って，コーポレートガバナンス・コードの中で遵守する項目と遵守しない項目を選択するものとされ，遵守しない場合にはその理由を説明しなければならない（コンプライ・オア・エクスプレイン)。

英国における2018年の改訂では，従業員その他のステークホルダーとのエンゲージメントや企業文化の重要性が指摘されたことが注目点である。具体的には，コーポレート・ガバナンス体制を構築する上では企業文化が重要であり，事業の目的や経営戦略が企業文化と整合的であること，従業員へのスタンスが企業文化と整合的であること，また，報酬体系が企業文化と整合的であることが求められるようになった。

一方で，機関投資家の規範とされる「スチュワードシップ・コード」は2002年に同国の機関株主委員会が「機関株主およびエージェントの責任に関する原則ステートメント」を公表したことに起源をもち，同ステートメントは2009年にコード化されている。2010年には財務報告評議会（FRC）が参画して再度コードとして制定された後，2012年に改訂，2019年に再改訂が行われている。2019年10月の再改訂の主なポイントは，スチュワードシップ活動の対象資産が英国上場株式以外の資産へも広げられたことと，ESGへの考慮を求めたことである。

もともと英国では，機関投資家のスチュワードシップ活動により投資先である英国企業のガバナンス向上と持続的成長を図ろうとしていたことから，英国株をその対象としていた。一方で再改訂版では，機関投資家は顧客と最終受益者のニーズのために投資先全資産を対象としてスチュワードシップ活動を行い，その活動を開示するように求められている。このことから，英国の日本株投資家は現在，同国上場企業のみならず日本企業に対してスチュワードシップ活動を行うことが求められている。

また，再改訂版では，目的や投資アプローチ，エンゲージメントにおいてESG要素の組入れが記載された。具体的には，スチュワードシップ・コードの目的として「署名機関の目的，投資哲学，戦略，および文化によって，経済，環境，社会への持続可能な利益をもたらすような顧客と最終受益者に対する長期的な価値を生むスチュワードシップを可能とする」（原則１）とされ，また，システミックリスクを認識し対応することが求められ，システミックリスクの例として気候変動があげられた（原則４）。さらに，機関投資家が企業をモニタリングする際には，気候変動を含む重要なESG課題を体系的に統合することが求められている（原則７）。

なお，英国政府は英国プレミアム市場に上場する企業に対して2021年から始まる事業年度のアニュアルレポートにおいてTCFD（気候関連財務情報開示タスクフォース，Task Force on Climate-related Financial Disclosures）に沿う開示を行うことをコンプライ・オア・エクスプレインベースで導入する。TCFDとは，G20の要請を受け2015年に金融安定理事会に設置されたタスクフォースのことである。同タスクフォースは2017年６月に最終報告を公表し，企業等に対して気候変動関連のリスクと機会に関する，ガバナンス，戦略，リスク管理，指標・目標の開示を提言している。

③　EU 地域

EU 地域では，2003年に欧州委員会が報告書「会社法近代化とコーポレートガバナンス向上（Modernising company law and enhancing corporate governance）」を取りまとめた後，2007年に EU 議会が，EU 市場において企業や機関投資家，議決権行使助言会社などの責任について定めた株主権利指令（SRD：Shareholder Rights Directive）を採択した。また，2014年に非財務情報開示指令（NFRD：Non-Financial Reporting Directive）が制定され，域内の大規模企業に対し，2018年以降のアニュアルレポートにおいて非財務情報の開示が求められている。

SRD は，金融危機を受けた運用機関と企業の短期主義を是正する必要性の議論を受けて2017年に SRD Ⅱへと改正が行われている。SRD Ⅱで行われた改正の中でも機関投資家とアセットマネージャーに対しては，その透明性向上を目的に，企業とのエンゲージメントポリシーを策定・公表し，その実行状況を公表することをコンプライ・オア・エクスプレイン・ベースで要請している。具体的には，各機関投資家等のエンゲージメントポリシーに含むべき企業モニタリングの項目として，戦略や財務状況の分析に加え，非財務項目として，リスク，資本構造，社会・環境影響およびコーポレート・ガバナンスが示されている。また，投資先企業とのエンゲージメント方針と議決権行使方針の開示と，その実施状況等の年次ベースでの公表も求められている。

(3)　投資家の関心テーマの動向

①　気候変動問題

近年のグローバルな株主提案のトレンドとして認識しておくべきことは，ESG のＥ（環境），Ｓ（社会）課題関連の株主提案が増加していることである。

例えば，機関投資家の気候変動イニシアチブである Climate Action 100+ は，2017年に発足し，現在，日本の年金積立金管理運用独立行政法人（GPIF）を含む世界の500以上の機関投資家等が参加しており，その運用資産の合計は47

兆ドル超に上るとされている。同イニシアチブはターゲットを絞り，特に二酸化炭素排出量が多いとされる世界の企業161社（うち日本企業10社）の株主として排出量削減を要求する集団的エンゲージメントを進めている。実際のエンゲージメント活動は，担当地域での経験が豊富な投資家をリード役とし，その他投資家をサポート役として行われる。2020年５月には，米エネルギー大手シェブロンの株主総会において同イニシアチブに参加しているBNPパリバアセットマネジメントからパリ協定の目標に向けたロビー活動状況の開示を求める株主提案が行われ，ブラックロックやノルウェー政府年金基金，カルパース等が賛成した結果，53％の賛成率となった。2020年９月には，上記企業のCEOおよび取締役会議長に対して二酸化炭素ネット排出量ゼロ（カーボンニュートラル）のための戦略と目標の発表を要求するレターを送付したと公表している。

また2020年の５，６月の株主総会では，NGOによる株主提案が目立ちました。ShareActionが英バークレイズに対して，AS YOU SOWが米J.P.モルガンチェースに対して，さらに気候ネットワークがみずほフィナンシャルグループに対して，いずれもパリ協定の目標に沿った経営計画の開示を求める株主提案を行った。それぞれの賛成率は23.95％，49.6％，34％であり，バークレイズについては会社側が類似議案を対案として株主総会に会社提案したことから相対的に低い賛成率となったが，他の２社に対しては議決権行使助言会社のISSとグラスルイスが株主提案に賛成することを推奨したほか，主要機関投資家が軒並み賛成行使を行った（**【図表３－２】**参照）。

なお，みずほフィナンシャルグループのケースでは，同社は従前より準備をしていたTCFDレポートや，石炭火力発電事業への新規融資の停止方針などの取組み方針を株主総会前のタイミングで開示していた。そのことへの評価などからブラックロックやバンガードは株主提案に反対行使を行っている。一方で，海外投資家の多くが株主提案に賛成行使し，その結果として議案の賛成率は相応に高いものとなったことから，投資家の中には企業が想定している以上に社会的課題解決に向けた取組みを求めるスタンスをとっているところもある

【図表３－２】主な気候変動関連議案への，主要海外投資家等の議決権行使結果

株主総会開催日	2020年 5月7日		2020年 5月19日	2020年 6月25日
企業名	Barclays		JPMorgan	みずほ
議案番号	29	30	6	5
提案者	会社提案	ShareAction	As You Sow	気候ネットワーク
運用機関等	賛否行使			
ISS，グラスルイス	賛	反	賛	賛
ブラックロック，バンガード	賛	反	反	反
Ｔロウプライス	賛	反	反	賛
ノルウェー政府年金基金	賛	反	賛	反
ステートストリートグローバルアドバイザーズ，APGアセットマネジメント	賛	棄権	賛	賛
UBS アセットマネジメント	賛	棄権，賛	棄権	賛
カルパース，チャールズシュワブインベストメント，TIAA-CREF	賛	反	賛	賛
ハーミーズ，ノーザントラスト	賛	賛	賛	賛
カナダ年金基金	-	-	賛	賛

（出所）各機関投資家のウェブサイト等より筆者作成

と考えられる。また，日本の会社法では本件のような開示拡充を求める株主提案は定款変更を求める形になるが，その結果として会社の運営に少なからず拘束力がある一方，英米では仮に株主総会で高い賛成率となったとしても，その決議内容は勧告的決議であり法的拘束力がない。この株主総会決議の拘束力の違いについての認識が海外投資家に薄いことも，株主提案に対する国内外の機関投資家の賛否率の差異に表れている可能性があることも認識しておくべきポ

イントである。今後も日本企業へ類似の株主提案が行われる可能性があることからも，日本企業は，海外を含めた機関投資家のESGに関する期待を把握し，平時から開示と対話により自社の施策の理解，浸透を進める必要がある。

②　政策保有株式

日本企業に対しては従前より，政策保有株式について問題視されてきた経緯がある。これは被保有企業側のガバナンス規律，保有企業側の資本効率等の観点からである。国内外の機関投資家は議決権行使基準に政策保有株式の状況を反映させる動きにある。

JPモルガンアセットマネジメントはその議決権行使基準において「議決権の形骸化や利益相反，資本効率の低下に鑑み，政策保有株式として上場株式を保有すべきではないと考える。従って，政策保有株式を新規に取得する企業，政策保有株式の完全売却への道筋が見えない企業等，政策保有株式の保有を是認する企業の取締役再任案には，反対票を投じる」としており，2020年1月から6月の間において合計40社の取締役選任に対して「株式の保有・持ち合い残高が自己資本と比較して著しく大きく，かつ保有残高を圧縮する姿勢が十分示されていない」として反対行使を行っている（同社の議決権行使指図結果開示より筆者集計）。

同社は，「政策保有株式にかかるエンゲージメントにおいては，開示内容が複雑・抽象的で，かつ数値を伴わないために，建設的な対話が阻害されているケースが多くみられる。保有株式の議決権行使実績，取引先の株式を保有することに伴う利益相反のリスク，保有株式の経済的合理性について，定量的かつ定性的に充実したわかり易い説明を求める」と，企業側の開示充実に期待を示している。

議決権行使助言会社のISSとグラスルイスも政策保有株式に係る議決権行使助言基準の改訂を行っており，後述する。

3　対話の状況

第１章に記載のとおり，海外投資家は，投資スタイル別では，企業の財務分析等による銘柄選定の結果として保有しているアクティブ運用機関と各社のインデックス採用状況から機械的に保有しているパッシブ運用機関とに大別される。

日本株に投資をしている大手の海外投資家は次頁**【図表３－３】**右側のとおりである。パッシブ運用機関も上位に存在し，その残高が増加傾向にあることは，第１章に記載のとおりである。日本株に投資をしている海外投資家におけるパッシブ運用機関の割合は約36％と推定される[8]。

アクティブ運用機関は投資先企業についてIR面談なども通じて分析をした上で購入をしていることから，少なくともアナリストやファンドマネージャーは各社について一定程度の理解をしていると想定される（議決権行使担当者が理解しているかは別）。

一方で，パッシブ運用機関は投資先企業がインデックスに組み入れられているから保有しているだけであり，投資先企業についての理解を前提に保有しているわけではない。議決権行使の際にも各運用機関が定める議決権行使基準により機械的に判断し，株主提案のような個別性の高い議案についても議決権行使助言会社の推奨などから判断をしがちである。各企業の株主の一定割合において，能動的に実質株主を把握して対話をしていかない限り，各社についての個別理解をすることなく議決権行使されるということには留意が必要である。

また，パッシブ運用機関はアクティブ運用機関と比べると相対的に議決権行使に積極的である。これは，パッシブ運用機関はインデックス組入企業のすべてに投資する性質を有し，基本的には運用パフォーマンスの向上に向けたダイベストメント（一部業種等への投資を選択的に行わないこと）等の銘柄選別の手段をもたないことから，運用パフォーマンス向上に向けては，対話や議決権

8　三井住友信託銀行が実質株主判明調査を受託している企業の平均。

【図表３－３】名簿株主の例と，日本株投資額の大きな外国人実質株主

名簿株主	保有株数
BBH for ○	○株
BNYM as ○	○株
HSBC Bank ○	○株
JP Morgan ○	○株
Northern Trust ○	○株
State Street ○	○株
Stichting ○	○株
The Bank of New York ○	○株
・・・	○株
・・・	○株
・・・	○株
・・・	○株
・・・	○株
・・・	○株
・・・	○株
・・・	○株
・・・	○株
・・・	○株
・・・	○株
・・・	○株

実質株主（運用会社グループ合算）	保有株数	投資スタイル	日本株投資額（兆円）※
ブラックロック	□株	パッシブ	17.8
バンガード・グループ	□株	パッシブ	13.5
ノルウェー政府年金基金（NBIM）	□株	アクティブ	8.1
フィデリティ	□株	アクティブ	7.3
キャピタル・グループ	□株	アクティブ	7.1
ベイリーギフォード	□株	アクティブ	3.5
JPモルガンアセットマネジメント	□株	アクティブ	2.5
マサチューセッツフィナンシャルサービシーズ（MFS）	□株	アクティブ	2.3
インベスコ	□株	アクティブ	1.9
T．ロウ プライス	□株	アクティブ	2.0
全米教職員退職年金基金（TIAA-CREF）	□株	アクティブ	1.5
ステートストリートグローバルアドバイザーズ	□株	パッシブ	1.5
APGアセットマネジメント	□株	アクティブ	1.3
シュローダーインベストメントマネジメント	□株	アクティブ	1.2
UBSアセットマネジメント	□株	アクティブ	1.2
カナダ年金基金	□株	アクティブ	1.1
アムンディ	□株	アクティブ	1.0
ウェリントンマネジメント	□株	アクティブ	1.0
チャールズシュワブインベストメント	□株	パッシブ	1.0
ファーストイーグル	□株	アクティブ	0.9

※（出所）日本株投資額：IHSマークイットBD Corporateより筆者作成，１ドル＝104円換算

行使による投資先企業の企業価値向上を有力な手段と位置づけているためである。

加えて，年金基金などの資金提供者の中には，運用判断は外部の運用機関に委託している一方で，議決権行使については自ら行っているところもある。IR 活動でパッシブ運用機関や年金基金などと対話を行うことはないが，実質株主として議決権行使を行う株主にはそれら運用機関などが含まれていることから，SR 活動により対話を行うことが重要である。

以下では，日本企業の海外投資家との SR 活動の実施状況を，機関投資家の開示資料を基に紹介する。紹介するのは，世界最大の資産規模を有し日本に議決権行使拠点を置く運用機関であるブラックロック，それに次ぐ資産規模を誇り米国等で議決権行使を行っているパッシブ運用機関であるバンガード，世界最大級の政府系運用機関のノルウェー政府年金基金，日本株アクティブ運用機関大手の英国のベイリーギフォード，米国最大の公的年金のカルパース，スチュワードシップ代行業大手のハーミーズである。

対話件数としてはブラックロックやベイリーギフォードにおいては相応に対話が行われていることが確認できる。一方で米国等で議決権行使を行っているバンガードとの対話件数は少ない状況にあり，現時点では日本企業による能動的な海外 SR は限定的であると推察される。SR 対話における議論の内容としては，それぞれの投資家側でテーマを設定していることが確認される。

(1)　日本拠点があるパッシブ運用機関（ブラックロック）

ブラックロックは日本株運用資産17.8兆円を有する世界最大の機関投資家であり，パッシブ運用を中心としている。同社の日本株についての議決権行使部門は日本にある。

同社は毎年 CEO 名で年度のエンゲージメントテーマを公表し企業に送付しているが，2020年１月の投資先企業向けレターではサステナビリティを投資の新たな機軸としていくとした。また，スチュワードシップ活動の優先テーマとして，①取締役会の質，②環境リスクと機会，③事業戦略と資本配賦，④人的

【図表３－４】ブラックロックによるエンゲージメント

⑴　日本およびその他地域の企業とのエンゲージメント件数

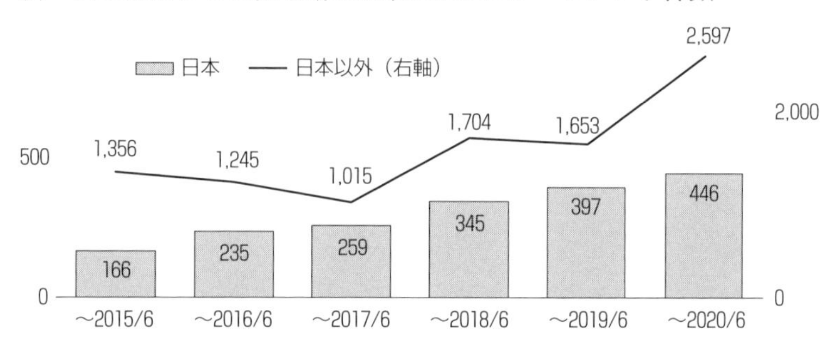

⑵　日本企業とのエンゲージメントのテーマ別内訳

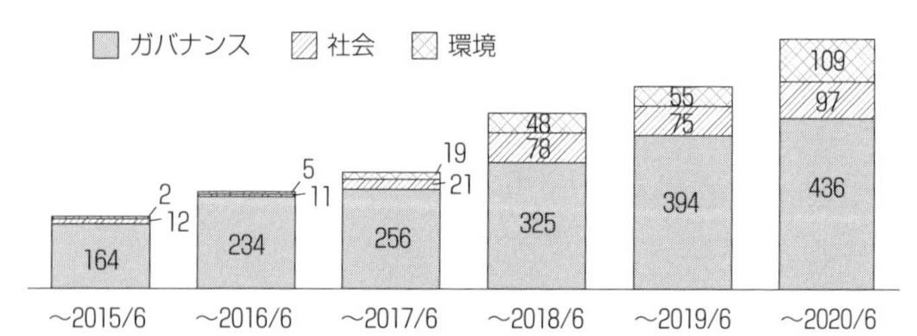

※　それぞれのエンゲージメントで複数テーマを扱うことがあり，エンゲージメント件数⑴とエンゲージメントテーマ別内訳⑵の合計は一致しない。

（出所）ブラックロック「Investment Stewardship Annual Report」より筆者作成

資本管理，⑤長期の時間軸をもった報酬制度，を掲げている。

エンゲージメント件数は【図表３－４】のとおり過去数年において年々増加しており，2020年６月までの１年間においてはグローバルに2,597件のエンゲージメントを実施し，うち日本企業とのエンゲージメント件数は446件であった。同社は多くの日本企業の最大の外国人株主であり，日本に対話窓口があり，日本語で対話ができ，かつ同社自身も対話に積極的であることから，対話の件数は他の海外投資家と比べて多いと推察される。

テーマ別では，引き続きガバナンス関連が大きな割合を占めるが，環境や社会をテーマとした対話も増加している。同社は気候変動問題について対話によりTCFDやSASB[9]に基づく開示を企業に促していくとしており，その取り組みが件数の増加にも反映されている。

2021年1月の投資先企業向けレターでは，新型コロナウイルス感染拡大の中でも気候変動リスクへの対応の重要性は変わらず，企業には温暖化ガスの排出量をネットゼロとしていく政策に対応した長期戦略の開示を求めている。

コラム

ESG開示

本章の様々な箇所で確認されるように，投資家のESG開示への期待が高くなっている。気候変動関連を起点としたリスクと機会の開示には，TCFDやSASBが提示しているフレームワークを活用することが一案である。TCFDの解説書「TCFDガイダンス」や日本企業の事例集をTCFDコンソーシアムが取りまとめている[10]。またSASBは，2011年に米国で設立された非営利団体で，情報開示の枠組みとして業種ごとに重要項目を明示し（マテリアリティ・マップ），定量的で比較可能な情報開示を提唱している。SASBの「実務ガイド」についてはSASBのホームページから参照できる[11]。

9 サステナビリティ・アカウンティング・スタンダード・ボード。
10 https://tcfd-consortium.jp/news_detail/20073103
11 https://www.sasb.org/knowledge-hub/tcfd-implementation-guide-japanese/

⑵　日本拠点がないパッシブ運用機関（バンガード・グループ）

バンガード・グループは日本株運用資産13.5兆円を有する世界最大級のパッシブ運用の投資家である。同社の議決権行使部門は米国等にある。

同社はスチュワードシップ活動により企業に求める４つの柱として，①取締役会構成における独立性や多様性，②長期戦略とリスク管理に係る開示，③役員報酬，④株主のガバナンスへの影響力の確保，を掲げている。

同社のエンゲージメント社数は，2018年７月～2019年６月の１年間にグローバルで868社，うち日本企業は25社であり，翌2019年７月～2020年６月の１年間にはそれぞれ793社と27社であった。エンゲージメントを行った日本企業は【図表３－５】のとおりである。同社はエンゲージメントにより，同社のグローバルな運用資産の半分強の企業がカバーされているとしている。

【図表３－５】バンガード・グループがエンゲージメントを行った日本企業

2018年7月～2019年6月		2019年7月～2020年6月	
25社		27社	
アサヒグループ HD	日産自動車	IHI	ソニー
アルパイン	日本郵船	飯野海運	武田薬品工業
関西電力	ファナック	エーザイ	東京電力 HD
九州旅客鉄道	フジクラ	王子 HD	トヨタ自動車
キリン HD	フジテック	関西電力	日本たばこ産業
塩野義製薬	本田技研工業	九州旅客鉄道	任天堂
SUBARU	前田建設工業	キリン HD	野村 HD
住友金属鉱山	みずほ FG	サッポロ HD	ホシザキ
住友商事	三井不動産	JFEHD	本田技研工業
住友不動産	三菱商事	芝浦機械	三井物産
大和ハウス工業	ヤマハ発動機	住友不動産	ヤマハ発動機
武田薬品工業		積水ハウス	リクルート HD
東京海上 HD		セブン＆アイ HD	リコー
東京電力 HD		象印マホービン	

FG：フィナンシャルグループ，HD：ホールディングス

（出所）バンガード・グループ「Investment Stewardship Annual Report」より筆者作成

同社は多くの日本企業の大株主（投資先日本企業数1,499社，うち各社の発行済株式数比１％以上保有している社数は1,272社，２％以上は543社（BD Corp. より筆者集計）であり，企業にとってSR対話を行うべき先であると考えられる一方で，エンゲージメントを行った企業数が合計27社にとどまるというのは少ない印象である。バンガードへのアプローチに限らず，まだ日本企業の海外パッシブ投資家とのエンゲージメントは限定的な状況と推察される。

⑶　英国拠点のアクティブ運用機関（ベイリーギフォード）

ベイリーギフォードはアクティブ運用機関であり，グローバル運用株式資産は28.4兆円，うち日本株運用資産3.5兆円（日本株保有銘柄数182銘柄，2021年１月時点 BD Corp. より筆者集計）の規模を有している。同社の拠点は英国である。

ベイリーギフォードは投資先企業を長期保有する方針としていることから，投資先企業のモニタリングと対話，議決権行使が投資パフォーマンス向上のために重要としている。同社は投資先企業の長期的な企業価値向上への取組みを支持していくとしており，個別企業の議決権行使を行う際には，①経営陣から説得力ある説明が得られているか，②企業のステークホルダーの１つとして同社が認識されているか，③役員報酬体系が業績と整合的か，などを確認するとしている。またベイリーギフォードは企業ごとに適切なガバナンス体制は異なると考えており，議決権行使基準を一律に適用することはなく，対話により個別企業の状況を確認しつつ賛否行使を行う姿勢をとっている。例えば，同社は独立社外取締役が取締役会の過半数を占めることを議決権行使基準で求めているが，2020年の日本企業の株主総会においては，その基準を満たさない企業に賛成行使した事例もあった。

同社はエンゲージメント企業数を開示しており，それによると2019年７月～2020年６月の１年間に面談した社数は累計102社である。四半期ごとでは，株主総会開催期である４月～６月が最も多くなっている。なお，実際に対話を行った企業に確認したところ，対話はベイリーギフォード側から企業へ申し込

【図表3－6】ベイリーギフォードの日本企業とのエンゲージメント社数

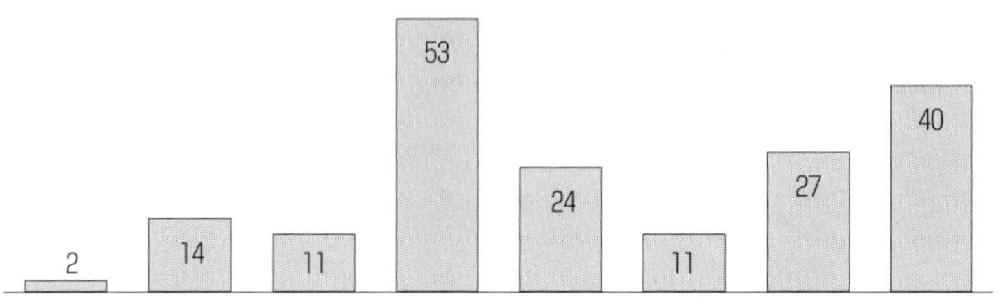

（出所）ベイリーギフォード「Company Engagement Report」より筆者作成

んだケースも含まれているようである。

⑷　政府系運用機関（ノルウェー政府年金基金（NBIM））

ノルウェー政府年金基金は2019年12月末時点で日本企業1,542社へ投資しており，保有企業平均の発行済株式数比保有割合は1.2％である。ノルウェー政府年金基金の議決権行使部門はノルウェーや英国にある。

同基金はESG等の観点からのダイベストメント（投資先からの除外）を行っており，2020年5月時点では，日本の電力会社5社と日本たばこ産業を含む144社が投資対象から除外されている。

対話について，ノルウェー政府年金基金は2019年にグローバルベースで，投資先企業の18.2％に相当する1,826社と面談またはレター等により対話を行ったとしている。投資額の大きな企業との対話を行っていることから，対話先企業の投資額に占める割合は71.2％とのことである。

【図表3－7】のとおり，対話トピックスとして気候変動や取締役構成，役員報酬が多くなっている。

【図表３－７】ノルウェー政府年金基金の対話トピックス別対話回数と日本企業との対話例

		対話回数	日本企業との対話例
E（環境）	気候変動	422	トヨタ自動車と，低炭素社会への移行およびコバルト調達について
	水資源	108	
	海洋資源	42	
	その他	410	
S（社会）	人権	99	明治ホールディングスと，ココア生産のサプライチェーンにおける児童労働について
	児童問題	56	
	税の透明性	75	
	不祥事	77	
	その他	380	
G（ガバナンス）	取締役会構成	402	本田技研工業と，取締役会の独立性について
	報酬	260	
	株主権	116	
	その他	1,078	

（出所）ノルウェー政府年金基金「Responsible Investment 2019」より筆者作成

(5)　米国の公的年金（カルパース）

米国最大の年金であるカルパースは，運用は外部の運用機関に委託しているが，対話や議決権行使を米国の自基金で行っている。

カルパースは「ガバナンス＆サステナビリティ５年計画」を策定してスチュワードシップ活動に取り組んでいる。2016年に策定した計画では，日本企業に対しては，過去のグローバル比較での株式の低パフォーマンスの要因としてガバナンス上，独立性，資質，多様性に課題があるとして，長期的に取締役会に占める独立社外取締役の比率が過半数となることを目指して活動している。これまでには，2014年に日本の大手企業に対して，独立社外取締役を2017年までに３分の１以上とすることを求めるレターを他の投資家と共同で送付したほか，2016年に日本版スチュワードシップ・コードを海外投資家の中でもいち早く受入れ表明し，2018年には日本版コーポレートガバナンス・コードにおいて独立社外取締役を３分の１以上とすることを求めるコメントを出している。2020年の株主総会シーズンでは，1,273社の投資先日本企業のうち，504社3,712名の取締役選任に対して，取締役会構成に占める独立取締役の割合が3分の1未満であるとして反対行使したとしている。

(6)　スチュワードシップ代行業（ハーミーズ）

ハーミーズ（Federated Hermes）は運用機関であるとともに，年金基金等から議決権行使やエンゲージメントなどのスチュワードシップ業務をグローバルベースで約92兆円（8,770億ドル，2019年12月時点）受託している大手企業である。日本の企業年金連合会も，同社にグローバルに活動する大手日本企業との対話を委託している。同社の拠点は英国である。

ハーミーズでは，2020年第2四半期（2020年4月～6月）にグローバルベースで750社と対話を行い，うち日本を含むアジア先進国に所在する企業との対話が3分の1を占めたとしている。対話テーマはグローバルベースでガバナンス関連が51.6%，環境関連が19.8%，戦略・リスク関連が15.5%，社会的課題が13.1%であり，アジア先進国についてもその傾向は変わらない。ハーミーズは2020年から3年間の中期計画において，主要先進国については女性取締役比率30%，日本については最低1名の女性取締役を求めることや，政策保有株式の縮減を求めていくことを掲げている。

同社はエンゲージメントのトピックスについて不定期にレポートを出している。例えば，任天堂では2020年6月の株主総会で初の女性取締役が誕生したが，ハーミーズは2016年から2020年までに合計8回，同テーマについて議論を行ったとしている。また，ファーストリテイリングに対して2016年からサプライチェーンにおける労働問題等についてマネジメントと開示を求める対話を行った結果，同社のESGへの取組みが進展したとしている。

4　議決権行使の状況

機関投資家の多くはそれぞれに議決権行使基準を設けている。また，議決権行使助言会社であるISSやグラスルイスによるレポートを活用しているケースも多い。このことから，日本企業が自社の株主総会の賛否行使動向を予測するためにはそれらの議決権行使基準を把握することが重要である。

なお，議決権行使基準にはグローバルな基準と地域・国ごとに基準を定めている投資家の日本基準があるが，グローバル基準と日本基準の差は解消されていく方向にあることから，現行の日本基準を把握することと合わせて，将来を見据えてグローバル基準を把握しておくことも重要である。

(1)　議決権行使助言会社

①　設立経緯等と機関投資家の利用状況

議決権行使助言会社は，議決権行使に際しての企業調査と議決権賛否行使推奨や事務代行を運用機関や年金基金等から受託している企業である。議決権行使を行うことが機関投資家の責務であるとされてきた中で，機関投資家の保有銘柄数が膨大ですべての企業の議案を精査・賛否行使する事務負担が大きいことなどから，議決権行使助言会社が活用されてきた経緯があり，米ISS（Institutional Shareholder Services）と米グラスルイスが業界大手である。

ISSは1985年に米労働省出身のロバート・モンクス氏により，グラスルイスは2003年にゴールドマンサックス出身のグレゴリー・タクシン氏等により設立された。ISSは長く日本に事務所を設置しており，グラスルイスは日本版スチュワードシップ・コードの2020年の再改訂の中で議決権行使助言会社は日本に拠点を設置することを含め十分かつ適切な人的・組織的体制を整備すべきとされたことに呼応するように，2020年１月に東京に事務所を設置している。

ISSの顧客投資家数は約2,000社とされ，グローバルに115市場の約44,000の株主総会のレポートを発行している[12]。またグラスルイスは約1,300社以上を顧客とし，2018年にはグローバルに23,210の株主総会（うち米国外は17,550）のレポートを発行している[13]。

議決権行使助言会社の影響度については様々な調査が行われている。UNPRIの2017年の集計によると，議決権行使判断として各機関投資家において独自基準を設けているとした運用機関や年金基金は全体の71％の一方，議決権行使助言会社の議決権行使助言基準を利用しているとした運用機関や年金基金が21％に上った。また，実際の議決権行使に際しては，すべての議案を議決権行使助言会社の推奨どおりに議決権行使を行っているとした機関投資家が10％，主な議案を議決権行使助言会社の推奨どおりに議決権行使しているとした機関投資家が11％，議決権行使助言会社の推奨を参考として利用しているとした機関投資家が46％であった一方，社内の調査・行使部門により行使しているとした機関投資家は33％であった。

また，米国の経営者団体であるビジネスラウンドテーブルが米SECに提出した意見書で引用した調査[14]によると，議決権行使助言会社の推奨どおりに行使を行っていると回答した機関投資家は7％にすぎない。しかしながら，多くの機関投資家は推奨を参考として独自に検討していると回答しているものの，実際の賛否行使は議決権行使助言会社の推奨と類似しているとされている。このことから，実際の議決権行使が各社において独自に検討された結果か，議決権行使助言会社の推奨に基づいて行使がされているかは判然としないとのことである。また，議決権行使助言会社が会社推奨と異なる賛否推奨を行った議案は，会社推奨どおりの賛否推奨を行った議案と比較して10～30％の賛成率の低下が見られたとのことで，議決権行使助言会社に影響力があるとビジネスラウンドテーブルは主張している。

日本の機関投資家による議決権行使助言会社の活用状況は，**【図表3－8】**

12　金融庁「スチュワードシップ・コードに関する有識者検討会」資料（2019年10月2日）。
13　米SECへのグラスルイス意見書（2020年2月3日）。
14　Business Roundtable “Public Comments to SEC on Amendments to Exemptions from the Proxy Rules for Proxy Voting Advice”（2020年2月3日）。

【図表３－８[15]】機関投資家による議決権行使助言会社の活用状況

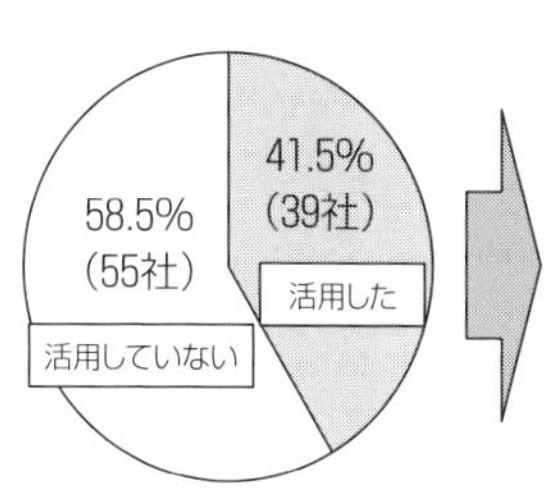

※回答会社153社中（調査会社225社）のうち，日本株投資残高を有する94社を対象

全体	回答数 39社 （複数回答）
必ず，助言内容に沿って議決権行使を指図する	2.6% （1社）
稀に異なる時もあるが，基本，助言内容に沿って議決権行使を指図する	30.8% （12社）
親会社等について助言内容に沿って議決権行使を指図する	20.5% （8社）
議決権行使指図の判断の際，参考としている	43.6% （17社）
その他（主な項目：当社ガイドラインに沿って議決権行使案の作成を委託している）	33.3% （13社）

のとおりである。議決権行使助言会社の推奨を活用したとしている機関投資家は41.5％であり，そのうち議決権行使指図の参考としている機関投資家が43.6％と最多である一方，基本的に助言内容に沿って議決権行使を指図している機関投資家が30.8％となっている。

また，日本の機関投資家の中には，企業との利害関係がある場合等に，客観的な判断を疎明する観点から議決権行使助言会社の推奨を利用しているところもある。例えば，ニッセイアセットマネジメントは「利益相反の生じる可能性が特に高い局面」に該当する企業については議決権行使助言会社（ISS）の判断に従うとしている。また，野村アセットマネジメントは「複数の議決権行使助言会社の意見を求め，それらを参考にして，株主利益の観点から，責任投資委員会において議決権行使の判断を行う」，大和アセットマネジメントは「外部の専門機関の助言に従って議決権を行使することにより，利益相反の排除と，行使判断の中立性を確保します」としている。

2020年７月に米SECは，議決権行使助言会社による助言の正確性および透明性を高めるための規制改正を行った。これにより，議決権行使助言会社の議

15　日本投資顧問業協会「日本版スチュワードシップ・コードへの対応等に関するアンケート（第５回），金融庁「スチュワードシップ・コードに関する有識者検討会」事務局説明資料（2019年10月２日）。

決権行使助言が委任状の「勧誘」に該当することが明確化され，助言レポートの顧客への配布と同時に助言対象となった発行体企業がレポートを入手できるようにすること，議決権行使助言会社が顧客に対し，発行体企業が助言に対して書面で述べた意見を株主総会前に知ることができる仕組みを提供することが求められた。

多くの日本企業の実質大株主であるブラックロックやバンガードなどのパッシブ投資家の多くは独自に議決権行使基準や議決権行使部門をもっており，議決権行使助言会社の推奨どおりに一律に議決権行使をしているものではない。一方で議決権行使助言会社の助言に準拠した行使が多くの運用機関で行われていることも事実である。したがって，企業においては議決権行使助言会社の助言基準や推奨レポートの内容などの把握が重要である。

②　議決権行使助言基準

議決権行使助言会社や多くの機関投資家は，取締役会における独立社外取締役の人数割合や，独立社外取締役の独立性の要件，業績や資本政策，役員報酬などについて，それぞれに株主総会に上程される議案の賛否を判断する際の行使基準を設けている。

ISSは投資家の意見の総和を議決権行使推奨基準とすることを目指しており，毎年7～9月頃に投資家等関係者から意見募集を行い，翌年以降の議決権行使推奨基準の策定に活用している。

例えば，ISSの日本向け基準においては，2019年2月からは指名委員会等設置会社および監査等委員会設置会社において株主総会後の取締役会に占める社外取締役の割合について3分の1以上を求めることとし，2020年2月からは親会社や支配株主を有する企業については監査役設置会社も含めて独立性のある社外取締役の割合について3分の1以上を求めている。また，2020年2月からは政策保有銘柄企業出身の社外取締役および社外監査役に独立性がないと判断することとしている。

ISSとグラスルイスはそれぞれ，2020年10月と11月に議決権行使助言基準の改訂を公表している。ISSは，2022年2月以降に開催される株主総会において監査役設置会社についても社外取締役の割合が3分の1未満の場合に経営トップに反対することとしている。また，いわゆる政策保有株式の保有額が純資産の20%以上の場合に経営トップに反対するとしている。一方でグラスルイスは，2021年から原則として「保有目的が純投資目的以外の目的である投資株式」の「貸借対照表計上額の合計額」が連結純資産と比較して10%以上の場合，会長に反対するとしている。

【図表3－9】ISSの日本向け議決権行使助言基準の一例

	助言基準
業績	資本生産性が低く（過去5年平均のROEが5%を下回り）かつ改善傾向にない場合，経営トップである取締役に反対
剰余金の処分	配当性向が15%から100%の場合，通常は賛成
取締役会等構成	・株主総会後の取締役会に占める社外取締役※1の割合が3分の1（親会社や支配株主を持たない監査役設置会社においては2名※2）未満の場合，経営トップである取締役に反対 ・指名委員会等設置会社：株主総会後の取締役の過半数が独立していない場合，ISSの独立性基準を満たさない社外取締役に反対 ・監査等委員会設置会社，監査役設置会社：ISSの独立性基準を満たさない監査等委員である社外取締役，監査役に反対 ※1　独立性は問わない ※2　2022年2月以降に開催される株主総会においては監査役設置会社についても社外取締役の割合が3分の1未満の場合に経営トップに反対
取締役，監査役の独立性	例えば以下のケースでは多くの場合，独立していないと判断 ・会社の大株主である組織において，勤務経験がある ・会社の主要な借入先において，勤務経験がある ・会社の主幹事証券において，勤務経験がある ・会社の主要取引先である組織において，勤務経験がある（主要かどうかは，会社と取引先の双方から見た取引の規模から判断する。取引が売上に占める比率等，具体的に開示されることが望ましい。そのような開示がない場合（例えば，取引の有無しか言及されない，取引規模が単に「僅少」としか開示されない）は，独立性があるとは判断できない） ・会社の監査法人において，勤務経験がある ・コンサルティングや顧問契約などの重要な取引関係が現在ある，もしくは過去にあった（重要かどうかは，会社と取引先の双方から見た取引の規模から判断する。取引額等，具体的に開示されることが望ましい。そのような開示がない場合（例えば，取引の有無しか言及されない，取引規模が単に「僅少」

	としか開示されない）は，独立性があるとは判断できない ・親戚が会社に勤務している ・会社に勤務経験がある ・会社が政策保有目的で保有すると判断する投資先組織において，勤務経験がある（政策保有株式の定義には有価証券報告書掲載の「保有目的が純投資目的以外の目的である投資株式」を用いる）
政策保有株式	2022年２月以降に開催される株主総会において，いわゆる政策保有株式の保有額が純資産の20%以上の場合に経営トップに反対
株式報酬	下記のいずれかに該当する場合を除き，原則として賛成 ・提案されているストック・オプションや株式報酬と発行済ストック・オプション残高を合計した希薄化が，成熟企業で5%，成長企業で10%を超える場合 ・対象者に取引先や社外協力者など，社外の第三者が含まれる場合 ・提案されるストック・オプションや株式報酬の対象となる上限株数が開示されない場合 ・行使条件として，一定の業績を達成することが条件となっていない場合（ただし行使条件として，付与から３年間未満は行使が禁止されている場合，あるいは退職前の行使が禁止されている場合は，業績条件がなくとも例外的に反対を推奨しない）

（出所）ISS『日本向け議決権行使助言基準』などより筆者作成

なお，新型コロナウイルス感染拡大を受けて，ISSとグラスルイスは2020年５月に基準の適用猶予等を公表している。

コラム

議決権行使助言会社のレポート発行時期

議決権行使助言会社のレポートは，企業による招集通知のWEB開示を起点として，早ければ翌日に公開される。一方で株主提案などの検討を要する議案を含む場合には数週間後に公開されることもある。三井住友信託銀行が2020年６月に株主総会を開催した企業向けに取得したISSのレポートを集計したところ，レポートはWEB開示の翌日に53%，１週間後までに92%が発行されている。

(2)　日本基準とその他地域における議決権行使基準の違い

議決権行使において日本基準とその他地域における基準に差異がある例を以下に紹介する。

取締役会構成については，カルパースやマサチューセッツ・フィナンシャル・サービシズ（MFS）は，グローバル基準では取締役会に占める独立社外取締役の割合として過半数以上を求めるが，日本基準では同３分の１以上としている。一方でカルスターズ（CalSTRS：California State Teachers' Retirement System，カリフォルニア州教職員退職年金基金）は，取締役会に占める独立社外取締役の割合を３分の２以上とする基準を，日本企業を含めグローバルに適用している。

ダイバーシティについては，リーガル＆ジェネラルやハーミーズはグローバル基準では女性取締役が不在の場合は取締役選任に反対してきたが，2020年からは日本のTOPIX100企業についても同様としている。一方でBNPパリバアセットマネジメントは，日本企業も含めてグローバルに取締役に女性が不在の企業へは，監査役に女性がいる場合でも反対行使をしている。

【図表３－10】グローバル基準と日本向け基準の一例（2021年２月調査時点）

機関投資家等	グローバル基準等	日本企業向け基準
ISS	（米国企業向け基準） ・独立社外取締役50%以上 ・Russell3000またはS&P1500構成企業では，女性取締役１名以上	【図表３－９】参照
グラスルイス	（米国企業向け） ・独立社外取締役は取締役会の３分の２以上 ・女性取締役１名以上	・独立社外取締役３分の１以上（監査役設置会社では取締役会と監査役会に占める独立社外役員の割合） ・東証一部，二部企業については１名以上
ブラックロック	（米国企業向け） ・独立社外取締役は取締役会の過	・独立社外取締役は２名以上 ・指名委員会等設置会社において，

	半数以上 ・主要委員会の委員はすべて独立社外取締役 （欧米企業向け） ・女性取締役２名以上	株主構成が分散している場合には，独立社外取締役は過半数以上 ・大株主が会社に対する支配力を有すると認められる場合には，３分の１以上
カルパース，MFS	・独立社外取締役は過半数以上	・独立社外取締役３分の１以上
リーガル＆ジェネラル	・議長とCEOの両方の職責を担う取締役の再任に反対 （英国企業向け基準） ・FTSE350構成企業では取締役の最低30%以上が女性。それ以外の企業については１名以上	・議長とCEOが分離されていなくても反対しない ・女性取締役を１名以上とする基準をTOPIX100構成企業に適用。今後，その他日本企業へも適用
ハーミーズ	市場ごとの状況に応じて基準を定めているが，一般論としては主要株主がいない企業では過半数以上の独立取締役	・大企業では独立社外取締役が３分の１以上 ・TOPIX100構成企業の取締役会は少なくとも10%が女性取締役
ステートストリート	（北米企業向け） ・Russell 3000構成企業とトロント証券取引所上場企業については女性取締役１名以上 ・S&P500構成企業について，ESGスコア（Rファクター）が低く改善に向けた計画が策定されない場合は取締役選任議案に反対	・TOPIX500構成企業については，少なくとも１名以上の女性取締役 ・TOPIX100構成企業について，ESGスコア（Rファクター）が低く改善に向けた計画が策定されない場合は取締役選任議案に反対

（出所）各機関投資家のウェブサイトにおける開示内容より筆者作成

(3)　ESG関連の株主提案の増加と，機関投資家の議決権行使基準対応

海外では，米国を中心にESGのうちE（環境），S（社会）関連の株主提案が多く行われている。例えば2020年は米エネルギー大手のシェブロンや航空大手のデルタ，ユナイテッドなどに対して気候変動関連のロビー活動状況の開示を求める株主提案が行われた。また，金融大手のJ.P.モルガンチェースに対しては，パリ協定の目標に沿った取組み方針の開示を求める株主提案が行われた。

このような株主提案の状況から，海外投資家はESGの観点の議決権行使基準の導入を進めている。

①　ブラックロック

ブラックロックは，先述のとおり2020年１月の投資先企業向けレターでサステナビリティを投資の新たな機軸としていくことを表明したが，2020年５月には日本企業向け「議決権行使に関するガイドライン」も改訂した。その中で同社は，サステナビリティへの対応方針では以下のように記載し，企業との対話によりTCFDに基づく開示を促していくとした。ただし，2020年６月の日本企業の株主総会では同基準を適用した会社提案の取締役選任議案への反対や株主提案議案への賛成は行われておらず，同社は企業との対話によって開示の取組みを促していきたいとしている。

【図表３－11】ブラックロック「議決権行使に関するガイドライン（日本株式)」2020年５月改訂抜粋

～サステナビリティ課題に関する情報開示にあたって
～TCFDとSASB（米国サステナビリティ会計基準審議会，Sustainability Accounting Standards Board）が推奨する基準に沿った報告に関する枠組みを参照することを企業に推奨する。
～長期的な企業価値に重大な影響を及ぼすと考えられるサステナビリティ課題，とりわけ気候変動リスクについて，投資先企業の取り組みが不十分であると考えられる場合，当該企業と対話を実施し，改善を促すことも検討する。そして，対話を通じて改善を促したにもかかわらず，これら重要な課題について十分な対応がなされず，結果として株主価値を著しく毀損している，あるいは毀損する恐れが高いと判断される場合には，取締役選任議案に反対する。また，このような状況にある企業に対して，当該課題について適切な取組みを促すと考えられる株主提案がなされた場合は，同提案を支持する。ただし，株主提案の具体的な提案内容が過度に経営の裁量を拘束する場合などは，株主提案を支持せずに，会社側提案の取締役選任議案への反対をもって懸念を表明する。～

②　ノルウェー政府年金基金

ノルウェー政府年金基金は2020年6月に，サステナビリティ課題に関する株主提案への行使スタンスをまとめたレポート“Shareholder Proposals on Sustainability”を公表した。同基金は，サステナビリティ課題に関する株主提案が増加している一方で必ずしも企業価値向上に資するとはいえないものもあるとして，以下を勘案するとしている。

- 提案内容の当該企業への重要性
- 既存事業への制約
- 提案内容への企業の取組み状況

③　ステートストリートグローバルアドバイザーズ

ステートストリートグローバルアドバイザーズは，2020年に議決権行使基準を改訂した際に，同社が算出するESGスコア（Rファクター）が低く改善に向けた計画が策定されない場合は取締役選任議案に反対するとの基準を導入した。2020年は米S&P500構成企業やTOPIX100構成企業等が対象とされた。Rファクターの点数はそれぞれの対象企業のみに開示するとされているが，SASBの基準がベースとなっているとのことである。2020年4～6月の株主総会においては，同スコアが劣る米国企業5社と英国企業4社の取締役選任に反対行使をしている。

(4)　機関投資家の議決権行使状況

①　ブラックロック

ブラックロックは，2020年6月までの1年間に開催された株主総会において，グローバルベースでは9％，日本では6％の株主総会議案について，会社推奨と異なる議決権行使を行っている。

グローバルベースでは，環境，社会の観点からの会社提案の取締役選任への反対や，株主提案への賛成も行っている。例えば，2020年総会では米エクソン社の取締役再任に気候変動関連の開示を求める観点から反対し，先述のシェブロンへのパリ協定の目標に向けたロビー活動状況の開示を求める株主提案に賛成している。日本企業の株主提案議案への賛成例としては，蝶理に対する剰余金処分決定権限を株主総会に付与する議案や，乾汽船や共同印刷に対する買収防衛策廃止の議案などに賛成している。

【図表3－12】ブラックロックの議決権行使結果抜粋

2019年7月～2020年6月	会社提案（反対率）					株主提案（賛成率）		
	資本政策	取締役選任	役員報酬	M&A	買収防衛策	ガバナンス	環境	社会
グローバル	13%	8%	16%	14%	15%	17%	6%	7%
日本	4%	6%	13%	5%	92%	5%	0%	0%

（出所）ブラックロック「Investment Stewardship Annual Report」より筆者作成

②　バンガード・グループ

バンガード・グループは，先述のとおり，スチュワードシップ活動の柱として，取締役会構成における独立性や多様性，長期戦略とリスク管理に係る開示，役員報酬，株主のガバナンスへの影響力（株主権）の確保，の4項目を掲げている。このことから，この項目に該当する株主提案については賛成することが多くなっている。例えば，株主権の確保を柱の1つとしていることから，2020年6月総会でみずほフィナンシャルグループに対する株主提案の提案理由に字数制限の下限を株主提案理由に設ける株主提案に賛成している。

【図表3－13】バンガード・グループの議決権行使結果抜粋

2019年7月～2020年6月	会社提案（反対率）				株主提案（賛成率）			
	資本政策	取締役選任	役員報酬	M&A	取締役会	環境／社会	役員報酬	株主権
グローバル	2%	9%	9%	4%	85%	6%	51%	41%
アジア	2%	5%	6%	3%	92%	0%	78%	89%

（出所）バンガード「Investment Stewardship Annual Report」より筆者作成

③　ノルウェー政府年金基金

ノルウェー政府年金基金は2019年にグローバルベースで94.8％の議案について会社推奨どおりの議決権行使を行い，うち取締役選任については94.1％の議案について会社推奨どおりに議決権行使した。一方で株主提案についてはグローバルベースで１割強の議案に賛成している。株主提案への賛成事例としては，例えば，武田薬品工業に対する役員報酬の個別開示を求める議案とクローバック条項を求める議案，LIXILグループに対する取締役選任議案の一部や，共同印刷に対する買収防衛策廃止の議案などに賛成している。

5　SR活動の実践

(1)　実質株主の把握

SR活動もIR活動同様に，多くの場合は運用機関にアプローチを行う。ただし，IR活動では投資判断権限者であるアナリストやファンドマネージャーにアプローチしていくのに対して，SR活動では議決権行使の担当者にアプローチしていく。

議決権行使の判断権限は，多くの場合は実質株主である運用機関が保有している。このことから，SR活動で最も優先度の高いアプローチ先は，自社の直近の実質株主判明調査結果で保有株数が多い運用機関である。この際，議決権行使の過去結果や議決権行使スタイル（独自基準や外部委託等）の別を問わない。企業にとって，大株主に対して経営戦略やガバナンス体制を説明して理解を獲得し，また，大株主の考え方を収集し経営にフィードバックすることは，その株主の議決権行使の状況を問わず重要である。その次にSR活動で優先度が高いアプローチ先は，直近の自社の株主総会で反対行使したことが確認された独自基準をもつ実質株主である。運用会社の議決権行使基準の内容から定量的基準で考え方の相違を解消できないと考えられる場合もあるが，自社の考え方を株主に説明していくことは重要である。

このように実質株主を把握することが対話の起点であるが，第2章でも述べられたとおり，企業の株主名簿に表示される外国の信託銀行や株式保管銀行名（ステートストリートバンクやノーザントラストバンクなどのカストディアン）などの名簿株主と，投資判断や議決権行使の権限を保有する実質株主である運用機関株主（ステートストリートグローバルアドバイザーズやブラックロックなど）は異なる。このことから，実質株主を把握する判明調査は重要である。

(2)　SR 活動のアプローチ先

議決権行使担当者にアプローチしていく際，主要機関投資家は運用スタイルを問わず議決権行使部署を設置していることが多い。パッシブ運用機関においては運用面での企業分析をするファンドマネージャーがいないことから議決権行使について専門の部署が存在し，アクティブ運用機関においてもファンドマネージャーとは別に議決権行使部署を設置していることが多い。アクティブ運用機関では，ファンドマネージャーが一次的な議決権行使を行い，取りまとめを専門部署で行っているケース，特殊な議案（株主提案など）以外は議決権行使部門で行い，判断を要するものだけファンドマネージャーが関与するケース等がある。また，議決権行使部署が投資先企業などの ESG 評価や判断を行っていることが多い。

企業から運用会社宛てに SR 対話の依頼を行えば，仮に同一の運用会社内で議決権行使担当者が複数である場合でも，多くの場合は運用会社側で必要なファンドマネージャーや議決権行使担当者に声掛けを行って対話に同席するので，企業側では運用会社ベースでアプローチを行えば十分である。UNPRI の2017年の集計によると，議決権行使担当者によるエンゲージメント結果をポートフォリオマネージャーと一律に共有している割合は58%，一部共有している割合は30%とのことである。

議決権行使が運用会社グループ単位で行われていることも多い。例えばブラックロックは，ブラックロックジャパンや米国のブラックロック等で保有している株式について，一元的に日本の議決権行使担当部署で議決権を行使している。一方で結果的に運用会社単位での賛否判断がそろう場合が多いものの，ファンドごとにファンドマネージャーが議決権行使を行っている運用会社も存在する。また，同一グループのように見えても運用会社ごとに運用判断や議決権行使判断を行っていることもある。例えば，フィデリティグループではフィデリティインターナショナル（日本のフィデリティ投信を含む）とフィデリティインベストメントは別々に議決権行使を行っていることから，それぞれに対話アプローチを行う必要がある。

【図表３－14】フィデリティグループにおいて議決権行使が異なった例

	株主総会開催日	議案番号	フィデリティ投信	フィデリティインベストメント
椿本興業	2020年6月26日	6	反対	賛成
大日本塗料	2020年6月26日	2-1	賛成	反対

（出所）各機関投資家のウェブサイトにおける開示内容より筆者作成

海外投資家の中でも，ブラックロック，ステートストリートグローバルアドバイザーズ，JPモルガンアセットマネジメントなどは日本に議決権行使担当部署を設置している。一方でバンガードは米国で議決権行使を行っており，SR活動は主に電話などのリモート会議となる。ノルウェー政府年金基金はノルウェーまたはロンドンでミーティングを行うことが多い。日本に担当者を置いているアクティブ運用機関は日本と本国の両方が関与するケースも見られる（例えば，シュローダーやマラソンなど）。議決権行使助言会社のISSは基本的に東京で議決権行使の助言をしているが，株主提案などの特殊議案についてはスペシャリストチームが都度アサインされ，海外と日本の担当者合同での電話会議を実施することもある。グラスルイスも同様であるが，特殊議案については米国ニューヨークやサンフランシスコの担当者がアサインされ，その担当者とも電話会議を行うことになる。特殊議案の担当者は都度アサインされることから，平時は東京オフィスの担当者と対話をすることになる。

運用判断は運用会社に委託する一方で，議決権行使は自ら実施するアセット・オーナーもある。例えば，米国の年金基金であるカルパースやカルスターズ等は自ら議決権行使を行っている。これらのアセット・オーナーへは，企業は運用会社とは別にアプローチを行い，対話を行う必要がある。一方で，一部の政府系ファンドやヘッジファンド（アクティビストを除く）などは議決権行使を行っておらず，それら資金を受託している運用機関においても，その受託資産については議決権行使を行わないことがある。

(3)　活動スケジュール

SR活動はIR活動同様に，各社の決算公表や株主総会等の年間スケジュールに合わせて組んでいくことになる。"平時"のSR活動については，株主総会の真裏頃のシーズン，例えば3月期決算，6月総会の企業であれば12～2月に実施することが多い。この時期に実施するのは，各社において中間決算関連の公表資料が活用できるとともに，前回株主総会以降のガバナンス関連の取組みが動き出して対外説明ができること，統合報告書を秋口に公表することも多く，それを対話の起点として活用できること，中間期実質株主判明調査により対話の対象とする機関投資家が更新されること，などが理由として挙げられる。

SR活動は，前回株主総会の結果を振り返りつつ次回総会に向けて取り組むべきガバナンス等の課題を確認するためのものでもあることから，経営にフィードバックし反映させていくための時間を確保するためにも，株主総会の真裏頃の時期に実施することは合理的である。

一方で，株主総会の直前に，株主提案対応や企業側における不祥事発生等への対応としてSR活動を実施することもある。その場合のタイミングは，ニュースリリース等で事案が公知となって以降，あるいは招集通知のWEB開示後に速やかに実施していくことになる（ただし，投資家の中には議決権行使助言会社のレポートを読んでから対話したいとする投資家もいる）。特に株主提案がある場合には，提案者のいわゆるアクティビストも投資家向けに説明活動を行っていることがあることから，企業もSR活動をしっかりと行うことが重要である。

【図表3－15】SR関連の年間イベント

3月決算企業	イベント	活動
4月	決算承認	株主名簿確定
5月	総会議案確定，招集通知発送	実質株主判明調査結果確認 総会議案賛否予測 SR対話活動
6月	株主総会開催	
7月	新体制始動， 株主総会議案賛否行使分析	総会賛否結果分析
8～10月	株主状況報告	統合報告書発行
11月	次年度ガバナンス体制検討	実質株主判明調査 次年度総会議案賛否予測
12月		SR対話活動 ↓
1，2月	次年度役員体制検討	
3月	取締役会実効性評価	

(4)　対話テーマ

機関投資家の議決権行使担当者等との対話は，株主総会の直前期あるいは株主総会で議題となるテーマが明確であるいわゆる“有事”の場合は，株主総会の議案が主題となる。一方で，それ以外の“平時”ではガバナンスを含むESGの取組みや中長期経営戦略が対話の中心となる。対話では，企業から自社の考える様々なステークホルダーからの期待やビジネスチャンス，あるいは環境変化によるリスクを踏まえた現在の経営戦略と，そのためのガバナンス体制と運営状況などについて説明を行うとともに，それについての投資家からの評価や期待，要望を聞き出し，そのテーマについて双方向でディスカッションをしていくことを目的としたい。

IRに対して投資家が期待する対話・開示の内容とSRのそれとは同質化している部分がある。運用機関の中で投資判断を行うアナリスト等は，企業のIR開示に対して，従来の財務開示や短中期の業績計画だけでなく，中長期の取組み方針や非財務開示，ガバナンス体制等についての説明も期待するようになっている。これは先述のESG視点の普及に加え，2008年の金融危機や2020

年の新型コロナウイルス感染拡大などを受け，企業の持続性の把握には財務分析だけではなく，非財務項目としての取締役メンバーや執行部門のスキル・対応力や，企業への社会的な期待（社会からの有形無形のサポート）の把握，気候変動など環境変化に対する事業の持続可能性などが重要であると認識されるに至っているからである。

一方で運用機関の中で議決権行使判断を行う担当者も，2020年の新型コロナウイルス感染拡大による特異な決算状態においてROEや配当性向などの財務的な基準での判断ができなかった経緯もあり，企業の非財務面の取組みを把握する必要性に直面している。先述のようにブラックロックが気候変動リスクについての開示としてTCFDやSASBのフレームワークの利用を企業に求めている例もある。

(5) SR 活動における資料構成

議決権行使担当者やESG担当者は，IR活動で対話するアナリスト等と比べて各社についての基礎知識が少ないことから，SR活動用のプレゼンテーション資料では会社概要等の基礎情報を盛り込みつつ，企業の長期的な方向性を説明する観点で資料を構成する。**【図表3－16】**が標準的な構成案であり，前回総会での争点や次回総会で想定される論点を織り込むこともある。

分量については，対話時間を1時間，会社側からのプレゼンテーションが求められた場合に20分を充当するとして，通訳時間も考慮すると，本編は10～20頁程度が適当で，ディスカッションの展開によっては必要と想定される資料は参考資料としておくとよい。統合報告書の英語版を作成されているのであれば，それを利用することも一案である。

投資家が期待する開示項目等を把握するには，当局者による取りまとめ・発信を確認するのも一案である。例えば，英国では財務報告評議会（FRC）が財務報告ラボを設置して開示についての提言や事例紹介などを行っている[16]。

---

16 Financial Reporting Council "Financial Reporting Lab"

2020年には新型コロナウイルス感染拡大に対応して企業に期待する開示項目を発信しており，2020年3月には大項目として，①手元流動性，②短期的な資金調達力，③コスト削減余力，④事業継続への取組み，⑤事業モデルの継続性，の5項目が示された。その後2020年6月には，経営資源と経営陣の対応状況，将来予測と経営の方向性について示している開示例と，短期的な継続企業の前提（going concern）とリスク，長期的な存続可能性（viability）を記載している開示例がそれぞれ紹介されている。

【図表3－16】SR資料の構成例

章立て	コンテンツ
Ⅰ　会社プロフィール	1．会社概要 2．経営理念
Ⅱ　成長戦略	1．長期経営方針，価値創造プロセス 2．中計等における経営基盤強化策 3．同，主力事業の収益力強化策 4．同，新事業領域の取組み 5．同，資本政策 6．同，進捗状況 7．（新型コロナウイルス感染拡大下での取組み）
Ⅲ　環境，社会への取組み	1．重点取組み分野 2．環境 3．社会 4．（新型コロナウイルス感染拡大下での取組み）
Ⅳ　コーポレートガバナンス	1．ガバナンス方針 2．ガバナンス体制 3．取締役一覧，スキルマトリックス 4．委員会の取組み 5．グループガバナンス 6．政策保有株式 7．役員報酬 8．実効性評価

コラム

英訳と通訳

海外投資家は，企業の招集通知の英訳や情報提供ベンダーによる英文情報，ISS・グラスルイス等の議決権行使助言会社のレポートを基に議決権行使判断を行っている。その際，企業自身が英訳をしていない場合は，その内容が情報ベンダーや議決権行使助言会社のレポートなどにより英訳されるまで，海外投資家には情報の時間差が生じることに留意が必要である。また，企業が一部を英訳提供している場合，情報提供ベンダー等の第三者が，企業が未英訳の部分まで広く情報提供をしていると期待するべきではなく，未英訳の情報は海外投資家に届かないと考えるべきである。

国内外の投資家では議決権行使基準が異なることに加え，企業についての情報格差が生じる可能性に留意が必要であり，企業側として議決権行使判断等の際に時間差や情報格差が生じないよう，開示への配慮が重要である。

また，通訳者についても，IR・SR 活動を実施することを決めた際には，早い段階で日程の確保をしておくことが必要である。IR・SR 対話では限られた時間で自社の戦略策定の考え方などの定性的な情報を伝える必要があり，通訳者の質がミーティングの良否に与える影響は大きい。通訳者はコミュニケーションのハブであり，ミーティングの一定時間を使うことから，その良否が対話の密度や良否，場合によっては投資家が受け取る企業の印象・評価に直結する。このことから，IR・SR の通訳経験があり，特に自社や業界の用語を一定程度は把握している通訳者を確保したい。

(6)　海外投資家からのレターへの対応

近年，企業が海外投資家などからレターを受領するケースが増えている。大手機関投資家の一部は毎年多くの企業へ一律にレターを送っており，ブラックロックについては先述のとおりである。米大手年金基金のTIAA-CREFも2020年夏に投資先企業の一部に対してROE改善を求めるレターを送ったことが確認されている。

一方で，投資家から企業に個別のレターを送付する例もある。レターはいわゆるアクティビストといわれる投資家からの株主提案含みのものもあれば，ダイバーシティや資本政策等を求めるものまで様々であり，送り主も年金基金，運用機関，アクティビスト等ヘッジファンド，ESG系投資家など多様である。

企業が投資家からレターを受領した場合には，まずは投資家に受けとった旨を回答するメールやレター等を出すとともに，当該投資家が複数企業に一律に発信したものか自社への個別のレターかなどを確認してIRや総務等の関係部署で共有し，必要に応じ株主からの意見等として取締役会で共有していくことになる。また，当該投資家による株式保有状況や他社事例からの投資家の性質などの確認も並行して行う。レターによる投資家と企業との対話は硬軟様々ではあるものの一般的になっており，海外投資家との対話の1つとして丁寧に行うべきである。

(7)　議決権行使助言会社の賛否推奨に対する会社意見の開示

株主総会招集通知の開示後に，議決権行使助言会社から賛否推奨レポートが発行されることは，先述のとおりである。議決権行使助言会社の賛否推奨は必ずしも会社推奨どおりではないことから，場合によっては会社として株主投資家に改めて会社の見解を伝えていく必要が生じることがある。議決権行使助言会社の賛否推奨が覆ることは稀であるが，自社の意見をTDnetや自社ホームページに開示して投資家に直接メール送付するなどにより，投資家に自社の考えを伝えることには意義がある。

以下は2020年6月に開催された株主総会におけるリリース事例である。

①　会社提案議案

ア　議決権行使助言会社の見解への補足説明

・王将フードサービス[17]：

ISSが社外監査役候補者の独立性がないとしたことに対して，候補者は筆頭株主である企業との雇用関係がないまま10年以上が経過していること等を補足説明

・三菱地所[18]：

ISSが社外取締役候補者を政策保有銘柄企業出身として独立性がないとしたことに対して，候補者が過去の多岐にわたるキャリアの一時期において同社の勤務経験があるにすぎないと補足説明

イ　情報の追加開示

・富士急行[19]：

ISS，グラスルイスが社外監査役候補者を政策保有銘柄企業出身として独立性がないとしたことに対して，同株式を2019年度中に全売却していると説明

・日本電産[20]：

ISSが社外取締役候補者の勤務先への寄付金額が開示されていないとして反対推奨したことを受けて，金額を開示

・MCJ[21]：

ISSが業績連動報酬の具体的な基準が明記されていないこと等から反対推奨したことを受けて，評価指標等を開示

②　株主提案議案

ア　議決権行使助言会社の見解への会社としての補足説明

・フジテック[22]：

ISSに対して面談機会を設けるよう複数回お願いしたにもかかわらず，叶わぬままにレポートが発行されたとして，改めて会社の考えを説明

17　王将フードサービス「当社第46回定時株主総会の議案に関する補足説明」(2020年6月2日)。

18　三菱地所「当社第121回定時株主総会における第2号議案に関する補足説明」(2020年6月3日)。

19　富士急行「議決権行使助言会社ISSのレポートに対する当社見解について」「議決権行使助言会社グラスルイスのレポートに対する当社見解について」(2020年6月11日)。

20　日本電産「招集ご通知における文言追記の件」(2020年6月5日)。

21　MCJ「第22回定時株主総会の議案に関する補足説明」(2020年6月5日)。

22　フジテック「議決権行使助言会社ISS社による当社第73期定時株主総会議案に対する賛否推奨レポートの発行と当社からの補足説明について」(2020年6月9日)。

・みずほフィナンシャルグループ[23]：
　招集通知の株主提案理由とされISSとグラスルイスが引用した記載について，実態にそぐわず正確性・適切性に問題があると指摘
・九州旅客鉄道[24]：
　ISSの根本的な考え方と同社の目指す方向性は一致しているも見解が異なる観点があるとして，会社の見解を説明
イ　議決権行使助言会社の推奨を歓迎
・駅探[25]：
　ISSの推奨が取締役会の意見と一致しているとして歓迎，ISSの文章を紹介

(8)　フィードバック

IR・SR活動の実施後には，その結果について取締役会等へフィードバックをすることが重要である。その際に報告すべきは，企業の考えを伝えきれたか，理解を得られたか，ということではない。企業からの説明を受けた上での株主投資家からの意見や要望，他社比での評価などの経営陣がさらなる企業価値向上に向けた施策の検討に資する情報を報告し，企業の考えをより一層理解してもらうために追加検討すべき開示項目があるかなどを議論することが重要である。

フィードバックの形としては，投資家からの質問や意見について取捨選択することなく，テーマごとに投資家の生の声を報告することを推奨したい。フィードバックからの次のアクションプランを報告時点で用意する必要は必ずしもなく，投資家との対話に参加していない取締役等に株主投資家の声を届けることが重要である。

23　みずほフィナンシャルグループ「第18期定時株主総会の第5号議案について」（2020年6月10日）。
24　九州旅客鉄道「議決権行使助言会社（ISS）のレポートに対する当社の見解について」（2020年6月10日）
25　駅探「当社第18回定時株主総会におけるISS社の推奨レポート（会社提案に賛成／株主提案に反対）について」（2020年6月17日）。

第4章 海外投資家対応の法務

弁護士法人漆間総合法律事務所　弁護士　初瀬　貴／鈴木 修平／宮川　拓

【本章のポイント】

- ☑ 海外投資家が現れた局面から対話を求める局面，株主総会に出席する局面のそれぞれにどのような法令等の適用があり得るかを理解する。
- ☑ 株主総会の招集請求権が行使された場合の流れについて，具体的なケースを見ながら理解する。
- ☑ 株主提案権の概要や議案ごとの対応方法について理解する。
- ☑ 公開買付けについて，近日のケースを参考に対応方法について理解する。

1　はじめに

前章までは，海外投資家の特徴や海外投資家との関係でのIR，SRという点を述べてきた。

本章では，海外投資家との間で対立状況が生じる可能性がある場合に，どのようなポイントを押さえておくべきか，という観点から説明を加えていきたい。

2　各種法規制・ガイドライン等

海外投資家に対応する上で，海外投資家が日本国内の企業に対して投資を行う場面で適用される各種法規制やガイドラインを知っておくことは，海外投資家の行動様式や具体的な対処方法を検討する上で重要である。以下簡単な設例に沿って，それぞれの概要について説明を行う。

> (1)　海外投資家として有名なＸが株主となっていることが判明した。
> (2)　その後，海外投資家Ｘが会社との対話を求めてきた。
> (3)　さらにその数カ月後，海外投資家Ｘが株主となって初めての株主総会がやってきた。
>
> 将来的に海外投資家との間で対立状況が生じる可能性がある場合，それぞれの場面で，どのような法令等を検討すべきであろうか。

(1)　海外投資家が判明した段階における検討事項

> 海外投資家として有名なＸが株主となっていることが判明した。その際，どのような法令等を検討すべきか。

① 外国為替及び外国貿易法（外為法）

ア 概 要

外国為替及び外国貿易法（以下本章では「外為法」という）は，資金決済や資金移動に対する規制のほか，これらの原因となり得る対外的・対内的取引（原因取引）を規制するが，外国投資家のわが国企業に対する投資に関しては，対内直接投資および特定取得に対する規制が重要である。

すなわち，外国投資家による対内直接投資等が，兵器に関連する情報の流出等，わが国の安全保障に影響を及ぼす等の事態を招かないよう，「外国投資家」（外為法26条１項）[1]が「対内直接投資」（同条２項）を行う場合に審査付の事前

---

1 外国投資家とは，次に掲げるもので，外為法26条２項各号に掲げる対内直接投資等または同条３項に規定する特定取得を行うものをいう。

> 一 非居住者である個人
> 二 外国法令に基づいて設立された法人その他の団体又は外国に主たる事務所を有する法人その他の団体（第４号に規定する特定組合等を除く。）
> 三 会社で，前２号に掲げるものにより直接に保有されるその議決権（株主総会において決議をすることができる事項の全部につき議決権を行使することができない株式についての議決権を除き，会社法（平成17年法律第86号）第879条第３項の規定により議決権を有するものとみなされる株式についての議決権を含む。以下この号及び次項第４号において同じ。）の数と他の会社を通じて間接に保有されるものとして政令で定めるその議決権の数とを合計した議決権の数の当該会社の総株主又は総社員の議決権の数（同項において「総議決権」という。）に占める割合が100分の50以上に相当するもの
> 四 組合等（民法（明治29年法律第89号）第667条第１項に規定する組合契約で会社に対する投資事業を営むことを約するものによつて成立する組合（一人又は数人の組合員にその業務の執行を委任しているものに限る。以下この号及び次項第７号において「任意組合」という。）若しくは投資事業有限責任組合契約に関する法律（平成10年法律第90号）第２条第２項に規定する投資事業有限責任組合（以下この号及び次項第七号において「投資事業有限責任組合」という。）又は外国の法令に基づいて設立された団体であつてこれらの組合に類似するもの（以下この号及び次条第13項において「特定組合類似団体」という。）をいう。以下この号において同じ。）であつて，第１号に掲げるものその他政令で定めるものによる出資の金額の合計の当該組合等の総組合員（特定組合類似団体にあつては全ての構成員）による出資の金額の総額に占める割合が100分の50以上に相当するもの又は同号に掲げるものその他政令で定めるものが当該組合等の業務執行組合員（任意組合の業務の執行の委任を受けた組合員若しくは投資事業有限責任組合の無限責任組合員又は特定組合類似団体のこれらに類似するものをいう。第70条第１項及び第71条第６号において同じ。）の過半数を占めるもの（以下「特定組合等」という。）
> 五 前３号に掲げるもののほか，法人その他の団体で，第１号に掲げる者がその役員（業務を執行する社員，取締役，執行役，代表者，管理人又はこれらに準ずる者をいい，相談役，顧問その他いかなる名称を有する者であるかを問わず，法人その他の団体に対し業務を執行する社員，取締役，執行役，代表者，管理人又はこれらに準ずる者と同等以上の支配力を有するものと認められる者を含む。以下この号において同じ。）又は役員で代表する権限を有するもののいずれかの過半数を占めるもの

届出制が定められており，必要に応じて財務大臣等から当該投資の変更または中止が命ぜられる[2]。

イ　改　正

2018年の改正により，従来は規制の対象外であった，対内直接投資と同じ効果を及ぼし得る「特定取得」（外国投資家が国内の非上場の会社の株式または持分を他の外国投資家からの譲受けにより取得すること。外為法26条３項）も同様の規制の対象に含められることとなった。

また，2019年の改正では，一定の場合に事前届出が免除される仕組みが導入された一方，事前届出の対象が見直され，上場会社株式の取得時事前届出の閾値が10％から１％に引き下げられるとともに，①外国投資家自らまたはその密接関係者の役員就任，および②重要事業の譲渡・廃止の議案に関する賛成の議決権行使が事前届出の対象として追加される等した（【図表４－１】参照）。

【図表４－１】事前届出対象の変更点（2019年改正）

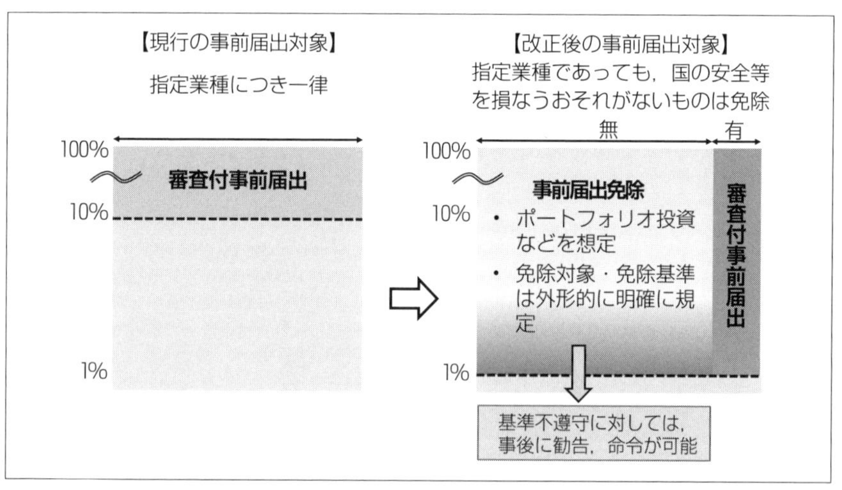

（出所）財務省国際局「外為法改正について」（2019年12月26日）

2　例えば，2009年にザ・チルドレンズ・インベストメント・ファンドが電源開発に対する株式保有比率を高める目的で行った事前届出に対し，当時の財務大臣および経済産業大臣から株式取得中止が勧告された例がある。

ウ　海外投資家との関係

海外投資家との関係では，外為法上必要とされる手続を履践しているか否かを問題にすることで，投資家の行動をけん制する場面が想定されるところである。

例えば，2020年３月には，東芝機械（現：芝浦機械。以下「東芝機械」という）と元通商産業省官僚である村上世彰氏との攻防で，外為法が根拠とされている。東芝機械は自社に対して株式公開買付けを行った投資会社（シティインデックスイレブンス）について，実態は村上世彰氏の支配下にあると主張し，また，東芝機械株式を共同で保有する２社についても実態を欠くペーパーカンパニーであるとして，同氏の外為法に係る手続に不備がある旨を指摘した。これに対し村上氏側も，上記各社は実態のある会社である旨反論しており，財務省が調査に乗り出す事態となった。

②　大量保有報告制度による株主の判明

上場企業等の発行する株券等の保有者のうち，株券等保有割合が５％を超える者（大量保有者）は，大量保有者となった日から５営業日以内に大量保有報告書を管轄の財務局長等に提出しなければならない（金融商品取引法（以下本章では「金商法」という）27条の23第１項）。保有割合が１％以上増減した場合も同様である。この大量保有報告制度は，投資者の投資判断への影響という観点から，①会社の支配権や経営に影響を与える可能性のある情報，あるいは②市場における株券等の需給情報を，広く投資者に対して迅速に開示するための仕組みである。

このように，機関投資家により株式を大量保有されていることが，大量保有報告書により，事後的に判明するといった事態があり得ることになる。企業側はこのことを前提として機関投資家の投資行動を把握しておく必要がある。期末が３月末日である上場会社であれば，後述の少数株主権を取得するためには６カ月保有要件との関係から，前年の９月末日までには株式を取得していることとなる。

⑵　海外投資家が対話を求めてきた段階における検討事項

> 海外投資家Ｘが会社との対話を求めてきた。その際，どのような点に注意して対応すればよいか。

①　コーポレートガバナンス・コード

ア　位置づけ

コーポレートガバナンス・コード（以下本章では「CGC」という）は，上場企業が企業統治（コーポレート・ガバナンス）を図る上で参照すべき原則や指針を取りまとめたガイドラインである。

CGC は会社法や金商法といった法律（ハードロー）とは異なり，法的拘束力を有しない「ソフトロー」であり，コーポレート・ガバナンス向上のための一定の原則を示しつつも，具体的な施策を個々の企業の自主的な規律に委ねている。すなわち，各企業は CGC のすべてを遵守する義務を負わず，むしろ自らの経営方針に従って，CGC の中で遵守する項目と遵守しない項目を選択するものとされ，遵守しない場合にはその理由を説明しなければならない（「遵守せよ，さもなくば説明せよ」（コンプライ・オア・エクスプレイン））。

近年，上場企業における海外投資家の株式保有比率の上昇や，クロスボーダーM&A の増加等に伴い，海外投資家を含む幅広い海外のステークホルダーが日本企業に関与する場面が増加している。日本企業には，CGC に基づいた，海外のステークホルダーにも理解しやすいガバナンス体制の確立が求められている。

イ　内　容

CGC は，①株主の権利・平等性の確保，②株主以外のステークホルダーとの適切な協働，③適切な情報開示と透明性の確保，④取締役会等の責務，⑤株主との対話，の５つの章（基本原則）と，それにまつわるベストプラクティスとして示される複数の原則および補充原則で構成されているが，海外投資家と日本企業との関係については，主に基本原則①や⑤が重要である。

すなわち，CGC・基本原則①は，少数株主や外国人株主の権利確保に対する十分な配慮を求めており，これを受けて，上場企業に対して「機関投資家や海外投資家の比率等も踏まえ」た「議決権の電子行使を可能とするための環境作り」および「招集通知の英訳」への取組み（補充原則１－２④）や，機関投資家等の保有する株式の名義人である信託銀行等との協議（同１－２⑤）を求めている。

また，CGC・基本原則⑤は，上場会社に対し「その持続的な成長と中長期的な企業価値の向上に資するため，株主総会の場以外においても，株主との間で建設的な対話を行うべき」と定めるが，ここにいう株主には当然に外国人株主も含まれる。この基本原則⑤は，日本版スチュワードシップ・コードが海外投資家に対して投資先企業等に関する深い理解に基づく建設的な「目的を持った対話」（エンゲージメント）を求めていることと表裏である。

近時の海外投資家は，CGCの定める『株主との間での建設的な対話』（投資家との対話）の一環として，企業価値の向上を目指して，投資先企業の経営陣に対して直接かつ積極的に提言を行い，場合によっては株主提案権の行使等も躊躇しない。これには，（海外）投資家が，アセット・オーナーに対して負担する責任の１つとして，投資先企業に対する株主権（議決権）行使に際し一定の合理性を必要としており，合理性を欠いた議決権行使が困難であるとの事情も背景にある。いずれにせよ，日本企業は「投資家との対話の必要性」に基づいて直接的にコミュニケーションを求めてくる海外投資家の動向を日頃から的確に把握しておく必要がある。

②　日本版スチュワードシップ・コード

ア　定義・経緯

日本版スチュワードシップ・コード（以下本章では「日本版SC」という）とは，CGCとは反対に，機関投資家側の行動規範を定めるものである。投資先企業のコーポレート・ガバナンスの向上を主な目的として，2012年９月に英国で策定されたものを起源とし，わが国でも2014年２月に金融庁によって制定され，以降，2017年５月および2020年３月にそれぞれ改訂が行われた。これは，わが国の成長戦略の1つとして，企業へ投資を行う機関投資家に対し，投資先企業の中長期的成長を促すため，対話を重視した投資行動等，受託者責任を果たすための原則を示す狙いがある。

イ　8つの原則

日本版SCは，「責任ある機関投資家」がスチュワードシップ責任[3]を果たすにあたり有用と考えられる諸原則として，8つの原則を定めている（第1章17頁参照）。

ウ　機関投資家との関係

適切なガバナンスを実践することで企業価値の向上を図るという企業側の責務について定めているCGCに対し，日本版SCは機関投資家がスチュワードシップ責任を全うする上で必要な諸原則について定めており，投資をする側・される側が中長期的に適度な緊張関係を保ちながら，相互に作用し合うことによって健全なコーポレート・ガバナンスが実現・構築されることが期待されている。

日本版SCも，法律（ハードロー）とは異なり，法的拘束力を有しない「ソフトロー」であって，8つの原則の適用方法や履行の態様が各機関投資家の判断に委ねられること，およびコンプライ・オア・エクスプレインの方法が採用されていることはCGCと同様である。その上で，日本版SCはその趣旨に賛同しこれを受け入れる用意がある機関投資家に対して，その旨を表明（公表）することを期待する[4]，という構成を採っている。

3 「機関投資家が，投資先企業やその事業環境等に関する深い理解のほか運用戦略に応じたサステナビリティ（ESG要素を含む中長期的な持続可能性）の考慮に基づく建設的な『目的を持った対話』（エンゲージメント）などを通じて，当該企業の企業価値の向上や持続的成長を促すことにより，『顧客・受益者』（最終受益者を含む。以下同じ。）の中長期的な投資リターンの拡大を図る責任」をいう（「『責任ある機関投資家』の諸原則≪日本版スチュワードシップ・コード≫～投資と対話を通じて企業の持続的成長を促すために～」（2020年3月24日））。https://www.fsa.go.jp/news/r1/singi/20200324/01.pdf）。

4 具体的には⑴コードの受入れ表明，⑵コードの各原則（指針を含む）に基づく公表項目として①スチュワードシップ責任を果たすための方針などコードの各原則（指針を含む）において公表が求められている具体的項目，②実施しない原則（指針4を含む）がある場合には，その理由の説明の公表が期待されている。また，公表項目について，毎年，見直し・更新を行うこと（更新を行った場合には，その旨も公表すること）や，当該公表を行ったウェブサイトのアドレス（URL）の金融庁宛て通知も期待されている。金融庁によると，2020年7月31日時点で受入れ表明をしている機関投資家の数は285に上る。

CGC の項でも述べたとおり，（海外）投資家は，投資先企業に対する株主権（議決権）行使に際し特に合理性が求められ，合理性を欠いた議決権行使が困難であるとの傾向がある。さらに，日本版 SC の2017年５月改訂以降は，受入れを表明した投資家について，個々の議決権行使の結果や賛否の理由についても説明と開示が求められており，実際にこれに対応する機関投資家の数も増加している。投資を受ける企業の側からすると，個別の議決権行使結果やその理由，議決権行使基準，および同基準の見直しのタイミング等，日本版 SC に基づく機関投資家側の説明と開示の内容を知ることで，機関投資家側の意図や投資に対するスタンスに対する理解を深めることができる。また，個別の議決権行使結果を詳細に分析していくことで，会社提案に対する賛成率（反対率）の有意な上昇（低下）等，議案に応じて機関投資家の議決権行使における「トレンド」を把握することも可能である。

エ　機関投資家の性質の把握

以上のとおり，日本版 SC はソフトローであり，遵守するか否かは各機関投資家に委ねられているが，これを受け入れている機関投資家についてはその行動指針が公表されているため，その特性をある程度把握することが可能である。日本版 SC そのほか諸外国における SC の受入れをしている機関投資家であるか否かは，機関投資家を知るための手掛かりになる。

③　複数の機関投資家が協調行動をとった場合のポイント

複数の機関投資家（全員の議決権を合計すると大量保有報告書の提出が必要）が，法令上の権利の行使以外の株主としての一般的な行動について合意して行動をしてきたが，共同保有者として大量保有報告書の提出をしていない場合には，その点を法令違反として主張したいところであるが，以下のとおり留意が必要である。

すなわち，大量保有報告制度における「共同保有者」および公開買付制度における「特別関係者」に関する規定を前提とすると，ある機関投資家Ａが他の投資家Ｂと連携して投資先企業に対する行動を取ろうとする場合，機関投資家Ａが他の投資家Ｂとの間で「共同して株主としての議決権その他の権利を行使することを合意」しているとすると，AにとってBは「共同保有者」であり「特別関係者」にも該当することから，Aは，そのことを前提に，Bの保有または所有する株券等も勘案しつつ，大量保有報告制度および公開買付制度に対応する必要があることになる。

金融庁は，従来，株主が株主総会での議決権行使について話し合ったにとどまる場合は「共同保有者」には該当しないが，共同して株主提案権を行使した場合には，共同して当該権利を行使することを合意していることが明らかであるため「共同保有者」に該当するとしてきた[5]。

金融庁は，これに加え，解釈を明確化する趣旨で，「株主としての議決権その他の権利」とは，議決権のほか，株主提案権，議事録・帳簿閲覧権，役員等に対する責任追及訴訟の提訴請求権など，株主としての法令上の権利を指すとした上で，株券等の保有者が「他の投資家」との間で法令上の権利の行使以外の株主としての一般的な行動について合意したにすぎない場合（例：特定の投資先企業に対する議決権行使の方針について意見交換を行う場合，共同で特定の投資先企業の経営方針等の変更を求めることを合意した場合，等）には，基本的に，当該「他の投資家」は「共同保有者」には該当しないと考えられる，とする[6]。

金融庁の整理によって，複数の機関投資家が大量保有報告制度や公開買付制度に対応することなく投資先企業に対する協調行動をとり得る範囲が相応に広く解されるため，共同保有者に該当しないケースも相応に存在する。したがって，単に共同して行動しただけでは，共同保有者に該当しないため，共同して行動してきた株主が大量保有報告書を提出していないからといって，直ちに法令違反に該当するとは限らない点に留意が必要である。したがって，いわゆるウルフパック戦術[7]についても注意が必要である。

5　金融庁「日本版スチュワードシップ・コードの策定を踏まえた法的論点に係る考え方の整理」（2014年２月26日）。

6　前掲注５参照。

7　「エクイティ・デリバティブの手法を駆使して各国の大量保有報告制度等に基づく開示を行うことなく，上場企業株式に対する一定の権益を取得し機会をみて複数のファンドが一斉に上場企業側に対して攻勢をかけ自らの要求を実現させる行為」（武井一浩「ヘッジファンド・アクティビズムの新潮流〔上〕―ウルフパック戦術（群狼戦術）と金融商品取引法―」商事法務1840号75頁）。

④ インサイダー取引規制

かねてより，インサイダー取引規制が，機関投資家と投資先企業との間で踏み込んだ対話を行うことに対して，必要以上の萎縮的効果を与える可能性がある旨が指摘されている。

すなわち，この対話の中で，投資先企業としては，機関投資家に対する情報開示によって情報伝達・取引推奨規制に抵触するおそれがあることを懸念し，機関投資家は投資先企業から情報開示を受けることでインサイダー取引規制に抵触するおそれが生ずることを懸念する，というものである。

ア 「未公表の重要事実の取扱い」と「投資先企業との対話」との関係

(ア) 概 要

金商法は，①会社関係者等が上場企業の業務等に関する未公表の重要事実を知りながら当該上場企業の株券等の売買等を行うこと，および②公開買付者等関係者等が未公表の公開買付け等の事実を知りながら当該公開買付け等に係る株券等の買付け等または売付け等を行うこと，を規制している（金商法166条，同167条）。

この趣旨は，投資判断に影響を与えるような情報について，上場会社の内部者等とそれ以外の一般投資家との間にある情報の非対称性（情報格差）に着目し，証券市場の公正さと健全性を確保し，証券市場に対する信頼を維持することにある。

(イ) 情報伝達行為・取引推奨行為に対する規制

上述した規制は売買等の取引のみを対象としているところ，2013年の金商法改正により，その職務等に関して未公表の重要事実等を知った会社関係者や公開買付等関係者（元会社関係者および元公開買付等関係者を含む）が，公表前に売買等をさせることで他人に利益を得させ，または他人の損失の発生を回避させることを目的として，重要事実等を他人に対して伝達し，または他人に対して公表前に売買等を勧めることが規制された（金商法167条の２，175条の２，197条の２）。

イ　インサイダー取引規制と「投資先企業との対話」との関係

(ア)　金融庁の見解

金融庁は，上場会社等のIR活動の一環として行われる，自社に対する投資を促すような一般的な推奨については，通常の場合，情報伝達行為・取引推奨行為に対する規制の要件である目的（重要事実の公表前に売買等をさせることにより他人に利益を得させる等）を欠き，基本的に規制対象外と解されると整理しており[8]，企業が機関投資家との間で行う踏み込んだ対話についても，通常の場合は同様であるとしている[9]。

また，機関投資家に対しては，投資先企業との対話の中で「未公表の重要事実」を受領する必要があると考える場合には，当該企業株式の売買停止等，インサイダー取引規制に抵触することを防止するための措置を事前に講ずることを求めている。

(イ)　日本版スチュワードシップ・コードとの関係

上記を受け，日本版スチュワードシップ・コードの中では，一般に機関投資家は公表された情報を基に投資先企業との間で建設的な「目的を持った対話」を行うことが可能であり，株主間における平等を確保する等の観点から，機関投資家においても，「対話」において未公表の重要事実を受領することについては「基本的には慎重に考えるべき」とした上で，「投資先企業との特別な関係等に基づき未公表の重要事実を受領する場合には，当該企業の株式の売買を停止するなど，インサイダー取引規制に抵触することを防止するための措置を講じた上で，当該企業との対話に臨むべきである」と指摘されている（指針4―6および注釈21）。

8　金融庁「情報伝達・取引推奨規制に関するQ&A」（2013年9月12日）。

9　金融庁「日本版スチュワードシップ・コードの策定を踏まえた法的論点に係る考え方の整理」（2014年2月26日）。

(3) 海外投資家が判明後の株主総会の段階における検討事項

海外投資家Xが株主になって初めての株主総会がやってきた。その際，どのような点に注意して対応すればよいか。

ア グローバルな機関投資家等の株主総会への出席に関するガイドライン

全国株懇連合会（以下本章では「全株懇」という）が2015年11月13日に公表したガイドラインである[10]。このガイドラインは，海外投資家等が実際にわが国で開催される株主総会に出席するための手段について検討を加え，４つの具体的な方法を示している。すなわち，わが国の会社法上，株主総会で議決権を行使し得る株主は株主名簿に記載されている必要があり，また，定款上，議決権行使の代理人が株主に限定されている例が一般であることから，いわゆる実質株主である海外投資家等は株主総会で議決権を行使できず，代理人になることもできないという事態が生ずる。海外投資家等は，信託銀行等の名義で株式を保有しているものの，議決権行使につき指図するという点で実質的に株主と違わないから，株主総会に出席できず，議決権行使ができないという上記の結論は妥当とはいえない。そこでこのガイドラインでは，上記の制約を前提としつつ，海外投資家等が適法に株主総会に出席し，あるいは議決権を行使し得る具体的な手段につき検討を加え，実務的な解決の可能性を探っている。

イ 常任代理人

わが国の上場会社の株式等（社債等の有価証券を含む）を保有する投資家が海外に住所または居所を有する場合に，当該投資家に代わり，証券口座の管理，配当金の代理受領および管理，議決権の代理行使，株式等の取得・処分，ならびに諸通知の受領等を行う権限を付与された代理人を選任して会社に届け出ることがある。この代理人を常任代理人と呼ぶ。

常任代理人は法令に基づく仕組みではなく，専ら会社が株主管理の負担を軽

10 http://www.kabukon.net/pic/42_1.pdf

減する目的で定款または株式取扱規則に基づいて定める仕組みであり，一般に証券会社や銀行等の金融機関が選任されるが，投資家と関連を有する事業会社，弁護士等の専門家，あるいは親族や友人などが選任されるケースもある。

海外投資家Xが常任代理人を選任した場合には，会社の株式取扱規則等に従って当該常任代理人が選任されていることを前提に，当該常任代理人との間で議決権行使等に係る通知等をやりとりすることになる。

3　有事対応

(1)　株主総会招集請求対応

①　近時の事例の紹介

昨今，少数株主による株主総会招集請求がなされる例が増加傾向にある。直近でいえば，以下が挙げられる。

- 2020年11月20日：レノ（村上ファンド系）がヨロズに対して行った請求
- 2020年9月8日：海外投資家のアルファレオホールディングスが乾汽船に対して行った請求
- 2020年7月27日：フクジュコーポレーションがプラコーに対して行った請求
- 2020年1月23日：海外投資家のオアシス・マネジメント（以下本章では「オアシス」という）がサン電子に対して行った請求
- 2019年12月27日：レノらがレオパレス21に対して行った請求
- 2019年11月1日：伸和工業らがプロスペクトに対して行った請求

ここでは，上記の一部を紹介したい。なお，本書籍では，あくまで公表されている情報を前提としたものであり，また，株主側・会社側のいずれの立場にもよるものではない。

最初は，少数株主の求めによって開かれた株主総会により，当該株主が登場して約１年間で社長を含む一部取締役の解任にまで至った海外投資家オアシスとサン電子の主なやりとりについて紹介する（【図表４－２】参照）。

【図表４－２】オアシス（株主）VS サン電子（対象会社）の時系列（抜粋）

日付	内容
2018年6月28日	サン電子：定時株主総会において役員選任（９割超の賛成）
2019年3月26日	オアシス：大量保有報告書を提出（３月18日に市場外で4.4%を取得し，株券等保有割合が9.21%に）
2019年3月31日	サン電子：年度末（基準日）
2019年6月28日	サン電子：定時株主総会において，会社提案の役員は選任されたものの，約４割が反対
2020年1月23日	オアシス：業績不振を理由に役員の解任および新役員の選任を求める臨時株主総会の招集請求
2020年1月28日	サン電子：基準日を同年２月28日とする旨公表
2020年3月4日	サン電子：臨時株主総会を同年４月８日に開催する旨公表
2020年3月9日	サン電子：株主提案に対する反対意見および補足資料の公表
2020年3月14日	サン電子：臨時株主総会招集通知
2020年4月8日	サン電子：臨時株主総会によりオアシスの提案（社長を含む取締役４人の解任，新取締役の選任）が可決（概ね６割以上が賛成[11]）
2020年6月9日	サン電子：定時株主総会招集通知
2020年6月28日	サン電子：定時株主総会において，会社提案の役員が８割５分以上の賛成で選任

上記のとおり，オアシスが大量保有報告書を提出してから約１年で取締役の選任・解任にまで至った稀有なケースである。一方で株価は，2020年４月８日の1,401円から半年後の2020年10月８日の時点で2,325円まで上昇した[12]。新取締役が選任された後に８割５分以上の賛成で再任されたのは株価の上昇も一因にあったものと思われる。上記選任・解任の判断の当否については，当事者に

11　同社の可決要件は，議決権を行使することのできる株主の議決権の３分の１以上を有する株主が出席し，出席した当該株主の過半数の賛成による。
12　Yahoo！ファイナンス（https://finance.yahoo.co.jp/）より。

よって異なるし，短期・中期・長期等の様々な視点があるが，事実として，上記事例は参考になるものと思われる。

次に，少数株主による株主総会招集請求に対して，いったん同請求を権利濫用として不開催を表明した，レノらとレオパレス21について紹介する（**【図表4－3】**参照）。

【図表4－3】レノら（株主）VS レオパレス21（対象会社）の時系列（抜粋）

2019年12月27日	レノら：レオパレス21に対し施工不備問題を理由に取締役10人の解任および新役員３人の選任を求める臨時株主総会の招集請求
2020年１月６日	レオパレス21：基準日を同年１月24日とする旨公表
2020年１月15日	レオパレス21：裁判所から，レノらによる臨時株主総会の招集請求に係る申立書の送達を公表
2020年１月17日	レオパレス21：レノらの臨時株主総会の招集請求は権利濫用であるとして不開催を表明
2020年１月20日	レノら：自社ウェブサイトにて反論文を公表
2020年１月22日	レオパレス21：レノらの反論文に対する再反論を公表
2020年１月24日	東京地方裁判所において両社協議
2020年１月27日	レオパレス21：臨時株主総会を２月27日に開催する旨および株主提案のほか，会社提案として社外取締役２名を選任する旨公表
2020年１月28日	レノら：自社ウェブサイトにて，取締役10名の解任提案の撤回，新取締役の選任の一部撤回（２名撤回，１名維持）など，一部の撤回を公表
2020年１月31日	レオパレス21：レノらが提案する役員１名およびレノらに対して，内部情報を利用した株式の売買を行わないことおよび役員１名およびレノらとレオパレス21との取引等に際しての会議には欠席する旨の誓約書の提出を要求
2020年２月４日	レノら：自社ウェブサイトにて，誓約書の提出拒絶を公表
2020年２月５日	レノら：一般株主に「臨時株主総会の弊社提案議案に関するご説明」を送付
2020年２月７日	レオパレス21：自社ウェブサイトにて，２月12日付株主総会招集通知を公表

2020年2月12日	レオパレス：レノの2月5日付書面への反論／ISS社がレノらの株主提案に対し賛成推奨する旨のレポートを提出したことに対する反論
2020年2月27日	レオパレス：臨時株主総会において，会社提案は可決（約56%），株主提案は否決（約44%）の結果となった

レオパレス21は，レノらの請求が濫用であることの理由として，同社の経営の状況，臨時株主総会招集請求を受けた経緯，臨時株主総会を開催することとした場合の弊害，取締役の選解任は定時株主総会で行うべきであること，レノらが決議を求めている議案等を指摘し，レノらは反対の意見を表明した[13]。

また，レノらは，1月28日において一部の提案を撤回しており，同月24日の裁判所における協議等を踏まえると，当事者双方で何らかの合意がなされたのではないかと思われる。

さらに，レオパレス21は，いったんは，臨時株主総会の招集請求を不開催としたが，最終的に，2月27日には臨時株主総会を開催し，株主提案は否決された。なお，同臨時株主総会では，多数の棄権票があったことも注目に値する。レオパレス21の株価は，2020年2月27日の348円から半年後の8月27日の時点で181円まで下落した[14, 15]。

次に，海外投資家の例ではないが，株主が裁判所から株主総会の招集許可を得て，実際に株主が主導となって，株式会社を招集した伸和工業らとプロスペクトについて紹介する（**【図表4－4】**参照）。

13　詳しくは，レオパレス21による2020年1月17日「株主による臨時株主総会の招集請求に対する当社対応に関するお知らせ」の別紙およびレノらの同月20日付「株式会社レオパレス21の1月17日付リリースについて」等を確認されたい。

14　前掲注12と同じ。

15　なお，レオパレス21は，子会社を含めて，2020年9月30日にフォートレス・インベストメント・グループの関連事業体から約540億円を第三者割当増資の方法により調達する旨を公表し，同年11月2日に払込みが完了した。

【図表４－４】伸和工業ら（株主）VS プロスペクト（対象会社）の時系列（抜粋）

2019年11月6日	プロスペクト：伸和工業らが11月1日に，プロスペクトに対し，経営執行体制の調査，定款の一部変更，役員の選任等を求める臨時株主総会の招集請求をしたことを公表
2020年1月10日	伸和工業ら：株主総会招集許可請求を東京地方裁判所へ申立て
2020年1月24日	プロスペクト：東京地方裁判所から伸和工業らによる株主総会招集許可申立書が送達されたことを公表
2020年4月1日	プロスペクト：臨時株主総会の基準日を４月22日とする旨の公表
2020年4月6日	東京地方裁判所が株主総会招集許可決定（即確定）
2020年4月15日	プロスペクト：伸和工業らが臨時株主総会の基準日を４月30日とした旨を公表。伸和工業らの代理人によると臨時株主総会は6月1日に実施するとのことを公表
2020年4月22日	プロスペクト：臨時株主総会の検査役の選任の申立てをしたことを公表
2020年5月15日	プロスペクト：臨時株主総会における伸和工業らの提案について反対する意向を表明
2020年5月17日	伸和工業ら：同日付の臨時株主総会の招集通知
2020年5月21日	プロスペクト：臨時株主総会の株主総会参考書類に関して，監査等委員による臨時株主総会開催禁止等の仮処分の申立てに関するお知らせの公表
2020年5月21日	プロスペクト：伸和工業らから，株主提案議案の一部取下げを公表
2020年5月27日	プロスペクト：臨時株主総会開催禁止等の仮処分の却下決定の公表
2020年5月28日	プロスペクト：臨時株主総会開催禁止等の仮処分の却下決定の即時抗告の公表
2020年5月29日	プロスペクト：臨時株主総会開催禁止等の仮処分の抗告棄却の公表
2020年6月1日	プロスペクト：株主提案が可決（賛成約７割），代表取締役の交代

上記のとおり，裁判所の許可決定により，伸和工業らが臨時株主総会を開催する権能を有して開催を主導し，プロスペクト自身が臨時株主総会を開催でき

ないことから，プロスペクトの4月15日の公表にあるように，伸和工業らの動向を公表する形式をとっていることがわかる。

なお，プロスペクトの株価は，2020年6月1日の39円から半年後の12月1日の時点で36円とほぼ横ばいである[16, 17]。

②　少数株主による株主総会招集請求

ア　株主総会招集請求を受けた場合の手順

上場会社（公開会社）では，原則として，株主が総議決権の3％以上の議決権を6カ月前から引き続き保有する場合には，株主総会の目的事項と招集の理由を示して株主総会招集請求をすることができる（会社法297条1項，上記割合・上記期間を下回る定款がある場合はそれによる）。当該請求の方法について会社法上規定はないが，株式取扱規定により書面によることを求めているケースが多く[18]，一般的には内容証明郵便で行っている。実際に，レノらは，2019年12月31日に臨時株主総会の招集請求書の送付を内容証明郵便にて行っている[19]。

そこで，株主総会招集請求がなされた場合，まず，株主総会招集請求の要件を満たしているかを確認する必要がある。

イ　個別株主通知の確認

株主および当該株主が保有する株式数について，上場会社は，通常総株主通知により株主名簿の記載または記録を更新するにとどまり（社債，株式等の振替に関する法律（以下「振替法」という）151条1項），常時これらを把握しているわけではない。したがって，株主総会招集請求等の少数株主権等を行使する株主は，少数株主権等を行使するにあたってその行使要件を満たしていることを発行会社に知らせるため，事前に，証券会社等に対して個別株主通知の申出を行い，証券保管振替機構を通じて当該会社に保有する株式数の情報を通知する必要がある（振替法154条3項ないし5項）。なお，原則として，申出から

16　前掲注12と同じ。
17　なお，2020年7月1日には年初来高値47円を記録した。
18　全国株懇連合会『全株懇モデル［新訂第3版］』（商事法務，2011年）92頁。
19　レノウェブサイト（http://reno.bz/%E3%81%8A%E7%9F%A5%E3%82%89%E3%81%9B/）より。

４営業日で会社に通知される。そして，株主は，証券保管振替機構から当該会社に対し個別株主通知がされた日から４週間が経過するまでに当該少数株主権を行使しなければならない（振替法154条２項，社債，株式等の振替に関する法律施行令40条）。

なお，株主は，個別株主通知が当該会社に到達するまで，後述する要件を満たす株主であることを会社に対抗することができない（振替法154条１項，会社法130条１項）。実際に，上記プロスペクトのケースでは2019年11月１日に伸和工業らから株主総会招集請求の通知書は受領していたものの，個別株主通知により確認ができたのが同月６日であったことから，同日付で公表している。

ウ　議決権の継続保有要件（３％以上を６カ月間）

まず，総株主の議決権[20]（３％）は，１名の株主で保有する必要はなく，複数の株主が保有する株式に係る議決権を合計して３％以上となれば足りる[21]。

次に，６カ月前の計算方法について，請求のあった日から遡って６カ月間を意味し，株主は，株主であることを会社に対抗する必要があることから，株式を取得し会社に対する対抗要件を備えた時点と請求時との間に中６カ月を要すると考えられる[22]。

このほか，株主総会招集請求時に会社法上の要件を満たしていても，当該請求に係る株主総会の開催までは一定の時間があることから請求後も継続して保有する必要があるかが問題となる。仮に，上記プロスペクトのケースに当てはめてみると，2019年11月６日に株主総会招集請求がなされ，2020年６月１日に臨時株主総会が開催されたが，その約７カ月弱の間も３％以上の議決権を維持する必要があるか，ということとなる。

この点，会社法上明文がなく解釈の問題となるが，当該招集に係る株主総会

20　１単元の議決権を１個として，単元未満株を除き，そのほか相互保有株式，自己株式および議決権制限株式が除かれて計算される（会社法108条１項３号，189条１項，308条１項および２項），有価証券報告書・四半期報告書の「【議決権の状況】」に議決権の個数が記載されている。ほぼすべての会社が東証の売買単位に合わせて100株を１単元としている（https://www.jpx.co.jp/equities/improvements/unit/04.html）。

21　東京地裁商事研究会『商事非訟・保全事件の実務』（判例時報社，1991年）189頁。

22　中村直人編著『株主総会ハンドブック［第４版］』（商事法務，2016年）590頁。

の終結時とする見解がある[23]。一方で，株主総会の招集について問題となった場合において，裁判所が株主に株主総会の招集を許可する裁判が確定する時点まででよいとする見解もある[24]。上記プロスペクトの事案にあるように，その後株主が株主総会招集手続を行うこともある点に鑑みると，株主総会招集請求権がその前提となるものと考えられることから前者によるものと思料する。

したがって，ケースとしてはあまり想定できないが，念のため，招集請求に係る株主が議決権を維持しているかについても確認しておく必要がある。

エ　目的事項要件

目的事項の記載の程度について，会社法上は，議題を示せば足り，議案を示すことまでは求められていない。もっとも，例えば役員の選任の場合，実務上は，取締役が株主総会を招集するにあたっては，議案の概要（議案が確定していない場合にあっては，その旨）を書面に記載して発する必要がある（会社法299条４項，同条２項・３項，会社法施行規則63条７号イ）。また，書面または電磁的方法によって議決権の行使を認める場合には，株主総会参考書類に選任する取締役の氏名や生年月日，略歴等を記載しておかなければならない（会社法301条，302条，会社法施行規則63条３号イ，73条以下）。

したがって，株主総会の招集を求めた株主から議題のみ（例えば，「取締役４名選任の件」）が記載されている場合には，その内容を確認することとなろう。

オ　招集の理由

招集の理由の記載の程度について，裁判所は，後述のとおり，特段の事情がある場合を除き，株主総会の開催を許可しなければならないとしている。

したがって，招集の理由について，厳密なものは求められず一応の理由があると判断できれば足りると思われる。

23　中村・前掲注22・589頁。
24　最決平成18年９月28日民集60巻７号2634頁は，検査役選任（議決権３％，６カ月継続保有が要件（旧商法294条１項）のケースではあるがこの見解に立つものと思われる（会社法では，議決権１％，６カ月間継続保有（会社法306条１項・２項））。

③　裁判所に対する株主総会招集の許可申立て

ア　要　件

少数株主の請求がなされた日から会社が遅滞なく招集手続を行わない場合または同日から８週間以内の日を株主総会の日とする招集通知が発せられない場合には，会社の本店の所在地を管轄する地方裁判所に対し，株主総会招集の許可の申立てをすることができる（会社法297条４項，868条１項）。

なお，株主総会の招集手続を行うにあたっては，通常基準日を設定する必要があることから，上記「遅滞なく」の要件を満たすべく，サン電子およびレオパレス21は臨時株主総会の招集請求から数日以内に基準日の公表を行っている。

裁判所は，少数株主の請求が形式的な要件を充足していれば，権利濫用と認められる特段の事情がある場合を除き，株主総会の開催を許可しなければならないとしている[25]。したがって，争点があるとしても，①持株数および②申立権の濫用にほぼ収れんされる。実務上，裁判所は，取締役の意見を求めるのが一般的である。

なお，裁判所が株主総会開催を決定した場合，不服を申し立てることができないことから注意が必要である（会社法874条４号）。したがって，上記プロスペクトのケースでは，2020年４月６日の東京地裁の決定とともに確定した。

イ　法的効果

裁判所により，株主総会の招集の許可決定が出た場合，当該会社が株主総会を開催する権限は失われ，同申立ての許可を受けた株主が，株主総会の招集や当該株主総会を開催する等の手続を行う。当該株主は，基準日の株主名義の作成を待っていては裁判所の定めた期限までに株主総会を開催することができない場合には，株主名義に代わって基準日現在の株主を確知することができるし，名義書換請求書および株主名簿の閲覧・謄写を請求することができる[26]。

なお，上記プロスペクトのケースでは，同社は2020年４月１日に臨時株主総会の基準日の公告をしたものの，裁判所からの同月６日の許可決定を受けて同

25　東京地判昭和63年11月２日判時12294号133頁。
26　前掲注25参照。

日撤回し，伸和工業らが同月15日に改めて，臨時株主総会の基準日の公告（４月30日）を公表した上，臨時株主総会の招集手続を行った。招集株主が招集した株主総会では，定款の規定にかかわらず，議長を選任することとなる[27]。また，プラコーのケースにおいても，フクジュコーポレーションは，2020年９月８日，裁判所から，臨時株主総会の招集許可を受け，同年11月６日，臨時株主総会を開催した。

ウ　株主が株主総会を開催した場合の費用負担

この場合，株主が会社に有益な費用を負担したものと考えられることから，事務管理（民法702条）により，当該会社に対して償還を請求することができると解される。

④　株主提案権

ア　議題提案権（会社法303条）・議案要領通知請求権（会社法305条）[28]

(ア)　意　義

議題提案権とは，一定の事項を株主総会の会議の目的（議題）として追加するよう請求する権利をいう（会社法303条）。例えば，「取締役○名選任の件」というものがこれに当たる。

また，議案要領通知請求権とは，議題の中身である議案について，株主が提出しようとする「議案の要領」を株主総会の招集通知に記載するよう請求する権利をいう（会社法305条）[29]。例えば，「取締役に○○を選任する」というものがこれに当たる。

以上のほかに，株主総会の当日に，議場において，「修正動議」を提出する権利を議案提案権（会社法304条）という。

27　広島高裁岡山支部決昭和35年10月31日下民11巻10号2329頁，横浜地決昭和38年７月４日下民14巻７号1313頁。

28　議案提案権（会社法304条）とは，株主が，株主総会の会場において，総会の目的事項について議案を提出することをいう。書面投票や電子投票による議決権行使の関係で，議案提案権を行使しても可決される可能性は低いことから，実務上は議案提案権が行使されることは稀である。

29　なお，以下，種類株主総会への準用条文（会社法325条）の引用は省略する。なお，会社法295条から320条の規定は，同法295条１項・２項，296条１項・２項および309条を除き，種類株主総会に準用される。

株主総会当日の修正動議（議案提案権の行使）は，書面投票を行った株主に対しては訴求ができず可決される可能性がほとんどないため，真剣に自己の議案を通すことを考える株主によって議案提案権が行使されることはあまりない。一方，株主提案を行う株主は，会社負担で自身の提案する議案の内容を他の株主に周知することができるため，議題提案権と議案要領通知請求権をあわせて行使するのが通例である。以上の観点から，「株主提案」という場合，議題提案権と議案要領通知請求権の行使を意味することが多い[30]。本書でも，以下断りがない限り，この２つを合わせたものを「株主提案」ないし「株主提案権」という。

(イ)　議題提案権および議案要領通知請求権の行使要件

議題提案権および議案要領通知請求権の行使要件は，取締役会設置会社である公開会社（会社法２条５号）においては次のとおりである（会社法303条２項）。

① 総株主の議決権の100分の１以上または300個以上の議決権（それぞれ定款による引下げが可能）を有すること
② ①を６カ月（これを下回る期間を定款で定めることは可能）前から引き続き有する株主であること
③ 取締役に対し，株主総会・種類株主総会の会日の８週間（これを下回る期間を定款で定めることは可能）前までに，一定の事項を総会の目的とするよう請求すること
④ 会社が「書面による」などの行使方法を定めている場合にはその方法に従っていること
⑤ 上場会社である場合には，振替機関から会社に個別株主通知がされた後，４週間を経過する日までの間に株主による請求がなされること（振替法154条２項・３項，同法施行令40条）

30　山田和彦編著『株主提案権の行使と総会対策』（商事法務，2013年）３頁。

以下，各要件につき検討する。

(ウ)　各要件の検討

まず，①総株主の議決権の100分の1以上または300個以上の議決権を有する「株主」とは，当該事項につき議決権を行使できる株主を指す（会社法303条1項かっこ書)。すなわち，提案する事項につき議決権を行使できない株主の議決権の数は，総株主の議決権の数に算入されない（会社法303条4項，325条)。したがって，議決権を有しない株式である，単元未満株式（会社法189条1項）や議決権制限種類株式（会社法108条1項3号）等の株主の議決権は，総株主の議決権数には算入されない。

次に，②総株主の議決権の100分の1以上または300個以上の議決権を「6か月前から引き続き保有する」必要があるとの要件については，請求の日（書面を提出した日）から逆算して丸6カ月の期間を要する[31]。そして，6カ月の議決権の保有期間は，株式を取得した日の翌日[32]（初日不算入）から起算される。なお，100分の1以上または300個以上の議決権の保有要件については，請求日から遡った6カ月のいかなる時期においても，その時々の総株主の議決権の100分の1以上または300個以上の議決権を保有していなければならないとする見解が多数説である[33]。

かかる保有要件を，基準日まで保有すれば足りるか，株主総会終結時まで保有する必要があるかについては議論があるが，基準日後であっても提案権を行使することがあり，株主の提案権は，株主総会に自らの提案を付議する権利であることから，株主総会終結時までとする見解を支持する[34]。

③議題提案権は，株主総会の会日の8週間前までに請求する必要がある。「8週間前」とは，会日と書面提出日との間に丸8週間を要するとの趣旨である[35]。

31　東京地判昭和60年10月29日金判734号23頁。

32　東京高判昭和61年5月15日判タ607号95頁。

33　青竹正一「第303条（株主提案権)」岩原紳作編『会社法コンメンタール7―機関(1)』（商事法務，2013年）103頁。

34　青竹・前掲注33・104頁。

35　森・濱田松本法律事務所編，宮谷隆＝奥山健志著『株主総会の準備事務と議事運営［第4版］』（中央経済社，2015年）415頁。

⑤株主が個別株主通知の申出をして，会社に個別株主通知が到達する前に，当該株主の株主提案の書面が会社に到達することもあり得る。この場合，「個別株主通知は，株主総会の日の8週間前までになされることが必要であるが，株主提案権の行使に先立ってされる必要があるとまではいえない」[36]とされており，株主提案権の行使期限である8週間前までに個別株主通知が到達した場合には，適法な権利行使と認めて対応すべきものと解される[37]。

イ　勧告的議案・勧告的決議（買収防衛策の廃止等）

勧告的議案とは，会社法上も定款上も株主総会の権限として留保されていない事項で，決議があっても直ちに法律効果を生じない株主意思を確認するための議案のことを指し，その議案が決議されたものを勧告的決議という[38]。

勧告的決議は，会社が買収にあった場合に見解を表明したり，買収防衛策の導入や発動を決議するという形でなされることがある。もっとも，取締役会設置会社においては「株主総会は，この法律に規定する事項及び定款で定めた事項に限り，決議をすることができる」と定められているため（会社法295条2項），取締役会設置会社において定款に当該事項を株主総会で決議できる旨の権限が留保されていない場合に，買収に関する見解表明や買収防衛策の導入等につき勧告的決議をなし得るかという形で問題となることが多い。

●エフィッシモ・キャピタル・マネジメント事件（東京地判平成26年11月20日判時2266号115頁）

【事案の概要】

本件は，事前警告型買収防衛策の一環としてセゾン情報システムズ（被告。以下「セゾン」という）に導入されていた大規模買付けルールに基づいて大規模買付けを行う可能性がある旨を通知したエフィッシモ・キャピタル・マネジメントら（原告，セゾンの株主。以下「エフィッシモら」という）に対して，

36　大阪地判平成24年2月8日金判1396号56頁。
37　宮谷ほか・前掲注35・417頁。
38　松井秀征「第295条」・前掲注33・42頁。

セゾンが同ルールに基づきエフィッシモらの買付行為の中止を要請する議案を提出し株主総会においてこれを承認する決議（以下本項では「本件決議」という）がなされた件について，エフィッシモが本件決議の無効確認を求めた事案である。なお，エフィッシモはシンガポールの投資運用会社である。

【図表4－5】事案の概要

エフィッシモら （株主，原告）	セゾン （被告）
①H22.12.17時点で保有率25.97%の株主	②H23.6.10，大規模買付けルール（保有率28%を超える買付けを行う前に意向表明書を提出するなど）導入の総会決議
③H23.9.6，大規模買付についてセゾンに意向表明書提出	④H24.5.15，大規模買付けルールに基づき設置されたセゾンの特別委員会が，「エフィッシモの大規模買付けを反対し中止を求める議案を総会に提出して確認すべき」等とする勧告を行う
⑥⑤の総会決議の無効確認訴訟提起	⑤H24.6.12，④の趣旨のセゾン提案の議案が，株主総会で承認

【裁判所の判断】

原告の請求について，確認の利益がないとして却下した。①本件決議は，セゾンが，エフィッシモに対し，その買付けの中止要請を行うことを承認するだけで，セゾンによる対抗措置を発動すること自体を承認するものではないから，本件決議によって，セゾンによる対抗措置の発動が直接的に容易になっているとはいえないこと，②大規模買付行為の中止要請の承認決議を行うことは，セゾンが対抗措置を発動するための要件とはされていないから，本件決議が有効であろうと無効であろうと，セゾンはエフィッシモらの大規模買付行為に対して対抗措置を発動する可能性がある（つまり，本件決議の無効が確認されたところで，セゾンが対抗措置をとることは可能であるため，本件決議の無効を確認しても意味がない）などの理由から，本件決議の無効を確認する利益がないと判断したものである。

【本判決の実務上のポイント】

本判決によれば，買収防衛策に基づく大規模買付中止勧告決議について，当該勧告的決議が対抗措置発動に直結したり，対抗措置発動の前提要件であったりしない限りは，当該勧告的決議の無効確認を求めることはできないということになる。つまり，会社側からすれば，勧告的決議を対抗措置発動を紐づけなければ，当該勧告的決議に対する無効確認訴訟を起こされたとしても，特段問題は生じないということになる。

●ヨロズ事件（横浜地決令和元年５月20日資料版商事法務424号126頁，東京高決令和元年５月27日資料版商事法務424号118頁）

【事案の概要】

ヨロズ（債務者・被抗告人）は，2007年の定時総会において定款を変更し，定款15条１項に「株主総会においては…，当会社の株式等の大規模買付行為への対応方針を決議することができる」と定め，同日の定時総会にて買収防衛策（以下本項では「本対応方針」という）が可決された。その後，本対応方針は，変更を重ねつつも数次にわたり更新されてきた。これに対し，ヨロズの株主であるＸ（投信運用会社）が，ヨロズの2019（令和元）年６月開催予定の定時総会において，本対応方針を廃止することを議題（以下「本件議題」という）とする株主提案（以下本項では「本件株主提案」という）を行ったところ，ヨロズが本件株主提案について適法性に疑義があるため株主総会で取り上げない旨の適時開示を行ったことから，Ｘが，本件株主提案を取り上げることを内容とする趣旨の満足的仮処分を求めて申立てを行った。

なお，原審の認定によれば，本件では買収防衛策を廃止した直後に，その会社の株価が上昇することが多いことから，ヨロズの買収防衛策を廃止させた上で同社株式を高値で売り抜くことをＸが目論んでいたという背景がある。

【図表4－6】事案の概要

X	ヨロズ
（株主，債権者，抗告人）	（債務者，被抗告人）
②H31.4.9，ヨロズに対して「ヨロズの事前警告型買収防衛策の廃止」等につきR1.6.17の定時総会の議題とする旨の株主提案	①H19.6.19，定時総会で事前警告型買収防衛策の導入の承認
④R1.5.10，本件株主提案を取り上げることを内容とする趣旨の満足的仮処分の申立て	③R1.5.9，株主提案の適法性に疑義があるため株主総会で取り上げる予定はない旨の適時開示

【裁判所の判断】

原審および控訴審ともにXの申立てを認めない判断を下した。高裁の判断の理由は次のとおりである。

ヨロズのような取締役会設置会社においては，株主総会は，会社法の規定する事項および定款で定めた事項に限り，決議することができるものとされている（同法295条2項）。ゆえに，本件議題である本対応方針の廃止がヨロズの株主総会の権限に属するというためには，本対応方針の廃止が「定款で定めた事項」としてヨロズの株主総会決議事項に当たる必要があるが，ヨロズの本件定款15条1項において株主総会で決議することができるとされている事項には，本対応方針の廃止は含まれていない。よって，ヨロズにおいて買収防衛策の廃止を株主総会で決議することはできないから，ヨロズがXの株主提案を取り上げなかったことは適法である。

なお，ヨロズの株主総会決議事項に本対応方針の廃止が含まれていないと判断した理由は，本対応方針のような事前警告型買収防衛策の導入は，その性質上，取締役会において決定することができること（現に，株主総会の決議なしに取締役会の決定でその導入を決定している株式会社も存在する），また，本対応方針は敵対的買収の防衛策であり，その導入についてはともかく，その廃止については株主総会の決議に係らしめないことには合理性があり，その廃止については本件定款15条１項の決議事項とはされていないと解することにも相応の合理性があること，買収防衛策について株主総会で決議することができる旨の定款の定めをしている株式会社の中には，買収防衛策の廃止が決議の対象となると定款に明記しているものがあるが本件定款15条１項では買収防衛策の廃止ができることは明記されていないこと，が挙げられている。

【本判決の実務上のポイント】

本高裁決定では，会社法295条２項に基づき株主総会が決議できる事項に当たるかという論点に関連して，事前警告型買収防衛策の廃止がヨロズの定款上株主総会の決議事項とされていなかったとして，株主総会に買収防衛策廃止を決議する権限がないと判断したものである。本裁判例を参考にする限り，買収防衛策の廃止については取締役会の専権事項とし株主総会で決定できる事項ではないことを定款に明記しておくことによって，株式の買占め・高値での売抜けを目論む株主による買収防衛策廃止の提案を防ぐ余地があるといえよう。

ウ　株主提案権の濫用

(ア)　概　要

2000年代に入り，株主提案がアクティビスト株主により活用される例が増えたが，2010年代に入ると，１人の株主から多数の議題および議案が提案される例が見られるようになった。著名な例でいうと，2012年６月に野村 HD の１人の株主から100個もの議案の提案がなされたケースがある。このケースでは，そのうち総会に付議されたのは18議案であるが，その中には，商号を「野菜ホールディングス」に変更することを求めるものや，商号の国内での略称を YHD に変更し営業マンは初対面の者に自己紹介をする際には必ず「野菜，ヘルシー，ダイエットと覚えてください」と前置きすることを定款に定めることなどが含まれていたという事例であった。

裁判所は，株主提案権の行使について，株主が私怨を晴らし，あるいは特定の個人や会社を困惑させるなど，正当な株主提案権の行使とは認められないような目的に出た場合には，株主提案権の行使が権利の濫用として許されない場合があるとの立場から，株主提案権の行使が濫用に当たるか否かを判断している。もっとも，株主提案権の行使が濫用に当たるかは，あくまで個別事例ごとの判断となり（下記(イ)），仮に株主提案権の行使が濫用ではないと判断された場合には損害賠償等一定のリスクを負うこともあるため（下記(ウ)），会社側としては，株主提案の拒絶には慎重にならざるを得ないのが実情とみられる[39]。そこで，株主提案権の行使について会社法を改正する運びとなったが，株主提案の拒絶事由に「株主総会の適切な運営が著しく妨げられ，株主の共同の利益が害されるおそれがある」などの事由が盛り込まれなかったことから，今回の改正によっても株主提案を拒絶することが困難であることに変わりはないとの評価もある[40]（下記(エ)）。以下にこれを詳しくみていく。

(イ)　株主提案権の濫用に関する裁判例

株主提案案件の濫用が争われた裁判例としては以下のものがある。

●HOYA（平成24年）事件（東京地決平成24年5月28日資料版商事法務340号33頁，東京高決平成24年5月31日資料版商事法務340号30頁）

【事案の概要】

本件は，HOYA（相手方）の株主（抗告人）が，2012（平成24）年4月5日，HOYAおよびその役員らに対し，株主提案権に基づき，63個の提案議題とそれらの要領および提案理由を相手方会社の定時株主総会（同年6月20日開催予定）の招集通知または株主総会参考書類に記載するよう求めたが，HOYAがそのすべてについて定時総会に付議しないこととしたため，株主がその記載を命じる仮処分決定を求めた事案である。HOYAは，株主の請求は株主提案権の濫用であるなどと主張して争った事案である。

【裁判所の判断】

本件高裁決定は，「株主提案権といえども，これを濫用することが許されないことは当然であって，その行使が，主として，当該株主の私怨を晴らし，あ

39　三浦良太ほか『株主提案と委任状勧誘［第2版］』（商事法務，2015年）103頁。
40　太田洋「株主提案権に関する改正と今後の株主総会」別冊商事法務編集部編『令和元年改正会社法②－立案担当者・研究者による解説と実務対応』（商事法務，2020年）131頁。

るいは特定の個人や会社を困惑させるなど，正当な株主提案権の行使とは認められないような目的に出たものである場合には，株主提案権の行使が権利の濫用として許されない場合がある」と述べた上で，上記意味での株主提案権の濫用に当たるのは１つの提案議題[41]のみであるとし，残りの提案議題は株主提案権の濫用であるとはしていない。濫用とされた当該提案議題について，本件高裁決定は「相手方会社の特定の従業員を困惑させることを目的としているとしか考えられない」と評価している。なお，事案の結論としては，裁判所は，株主の請求を棄却した。

●HOYA（平成26年）事件（東京地判平成26年９月30日金判1455号８頁，東京高判平成27年５月19日金判1473号26頁）

【事案の概要】

本件は，HOYA（被告会社・行使人会社）の株主（原告・被控訴人）が，HOYAの71期株主総会，72期株主総会および73期株主総会（以下あわせて本項では「本件各株主総会」という）に際し，71期株主総会に関しては原告提案に係る議案が招集通知に記載されず，72期株主総会に関しては原告提案に係る議案の削減を強要され，これに応じて削減したにもかかわらず残る議案のうち一部が招集通知に記載されず，73期株主総会に関しては原告提案に係る議案の内容が改変されて招集通知に記載されたことにより，原告の株主提案権が侵害され原告に損害が発生したと主張して，損害賠償請求をした事案である。

【裁判所の判断】

株主提案権の濫用という論点に絞ってみると，原審は原告が個人的な怨恨を晴らす目的で株主提案権を行使したとは認められないと判断した（結論として，

---

41 「議案11　取締役１名選任の件
議案の要領　Ａ（当社総務部ジェネラルマネージャー）を取締役に選任する。
…
提案理由　当社は社外取締役や執行役を兼ねる取締役のY2やＶが実質的な監視権限を一切行使せず，実質的にY1最高執行役と総務部幹部のＡの違法行為を含む経営上問題のある対応をやりたい放題の現状になっている。かかる状況においては，逆説的であるが，Ａを取締役に選任し，きちんとＡ氏がやっていることを外部の株主が監視しやすくすることが重要だと考える。」

72期に係る株主提案権の侵害について原告の請求を認めた)。

これに対して，控訴審は，72期および73期の被控訴人（原告）による株主提案権の行使は権利濫用に当たると判断し，被控訴人（原告）の請求をすべて棄却した。その理由としては，72期の株主提案権行使について，①被控訴人が初めて株主提案権を行使した71期提案（1審被告Aを取締役から解任すること等の内容）は，被控訴人自らが行ったHOYAの新規事業開発に関する調査結果が1審被告Aによって採用されなかったことと無縁ではないこと，②72期株主総会に係る提案については，被控訴人は，実父Cの行為に関する不満の矛先を，当初はCの実兄でありHOYAの相談役であるDに向けていたが思うような進展がなかったため，HOYAを通じてこれを追及しようとする意図があったと認められること，③72期株主総会に関し114個もの提案をしたこと，および事後これを20個にまで減らしたという経過，④72期の提案を20個にまで削減した中にはなおDおよびCという特定個人の個人的事柄を対象とするものがあったこと，を挙げている。

＊　＊　＊

以上のとおり，株主提案権の行使が濫用に当たるかは個別事例ごとの判断になる上に，同じケースでも原審と控訴審で判断が分かれる場合があることなども踏まえると，会社においてある株主の株主提案が濫用に当たるか否かを判断することは大変な困難を強いられるものといえる。

(ウ)　株主提案権を濫用として拒否した場合のリスク

株主提案権を権利濫用として拒否した場合には，取締役に対する100万円以下の過料（会社法976条19号・2号），会社および取締役に対する損害賠償請求のほか，招集通知に議案の要領を記載しなかったことが「招集の手続き又は決議の方法が法令若しくは定款に違反する」（会社法831条1項1号）として，株主総会決議が取り消されるリスクがある。なお，株主提案に係る議題について何も決議がなされていない場合には，取消し対象となる決議がないため，決議取消しの訴えを提起することはできないのが原則であるが，例外的に，株主提案が会社提案と密接な関連性があり，会社提案を審議する上で株主提案についても検討・考慮することが必要かつ有益であったと認められるときであって，上記の関連性がある株主提案を取り上げると現経営陣に不都合なため，会社が現経営陣に都合よく議事を進行させることを企図して株主提案を取り上げなかったなどの特段の事情が存在する場合には決議取消事由に該当し得る（東京高判平成23年９月27日資料版商事法務333号39頁）。

㈢　会社法の改正過程

上記㈠の裁判例にあるように，近年，１人の株主により膨大な数の議案が提出されるなど，株主提案権が濫用的に行使される事例が見られ，株主提案権が濫用的に行使されることにより，株主総会における審議の時間等が濫用的に提出された議案に割かれ，株主総会の意思決定機関としての機能が害されたり株式会社における検討等に要するコストが増加したりする弊害が生じていた[42]。

そこで，令和元年改正会社法（令和元年法律70号。以下本章では「改正会社法」という）により，取締役会設置会社の株主が議案要領通知請求をする場合，当該株主が提出することができる議案の数の上限を10とし，10を超える数に相当する議案について，会社は当該議案要領通知請求を拒絶することができることとされた（改正会社法305条４項）。議案の数が10を超えるときに，どの部分が10を超えることになるかについては，会社がこれを判断するが，当該請求をした株主が優先順位を定めている場合には，それによる（改正会社法305条５項）。

なお，改正会社法には，要綱案の段階で検討されていた株主提案の内容による制限規定，具体的には，①株主が専ら人の名誉を侵害し，人を侮辱し，もしくは困惑させ，または自己もしくは第三者の不正な利益を図る目的である場合，および②株主総会の適切な運営が著しく妨げられ，株主の共同の利益が害されるおそれがあると認められる場合には，その議案提出または議案要領通知請求を拒絶できるとする規定[43]は，国会における法案審議で削除修正されたため，

42　竹林俊憲ほか「令和元年改正会社法の解説」・前掲注40・21頁。
43　「会社法制（企業統治等関係）の見直しに関する要綱案」（会社法制（企業統治等関係）部会第19回会議（平成31年１月16日）決定）６頁。

盛り込まれなかった。そのため，改正前後で株主提案が濫用に当たるとして拒否できる難易度に変わりはないとの評価もある。もっとも，上記要綱で取りまとめられた内容や部会資料の記載などは，濫用的な株主提案を拒絶するかどうかの判断の参考になると解されており[44]，今後の事例の積み重ね次第では運用が変わる可能性は残されている。

エ　議案ごとの対応

株主が提案してくる議案については，会社提案の議案と両立する場合と両立しない場合があり，そのいずれであるかにより株主総会での当該議案の取扱いに違いが生じる。そこで，株主提案がされやすい例を挙げて，その取扱いについて検討する。

㈠　剰余金の配当

例えば，ある事業年度の配当について，会社側が１株当たり10円の議案を提出し，株主が１株当たり20円の議案を提出する場合がある。かかる株主提案の趣旨については，①会社提案の１株当たり10円の配当に加えて１株当たり20円の配当を求める追加提案である場合（会社提案と株主提案の両方が可決された場合には１株当たり30円の配当がなされる）と，②会社提案の１株当たり10円の配当に替えて１株当たり20円の配当とするよう求める代替提案である場合とがあり得る。

株主提案の趣旨が，①の追加提案である場合には，両議案は両立する。この場合，会社提案と株主提案は，それぞれ別個独立した議案とみられるため，別個独立したものとして総会に上程することになる。実務上は，会社提案の「剰余金処分（配当）の件」を上程するとともに，株主提案の「剰余金処分（配当）の件」も上程し，株主提案の項目の中で「会社が提案の剰余金配当に両立するものとして，次の内容の配当を実施する」という趣旨の記載がなされる例がある[45]。なお，株主提案が分配可能額を超える場合には，法令に違反する内容

44　竹林ほか・前掲注40・91頁（神田秀樹発言）。
45　「株式会社東京放送ホールディングス第91期定時株主総会招集ご通知」（https://www.tbsholdings.co.jp/pdf/soukai/soukai91.pdf）20頁。

の提案であるため，株主総会に上程する必要はない。

他方，株主提案が②の代替提案の趣旨である場合には，当該株主提案は「会社提案ではなく株主提案に賛成するよう求める」という内容であるため，両議案は両立しない。両立しない両議案の両方に賛成する議決権行使は無効になると考えられている[46]。そのため，この場合，実務上は会社提案と株主提案を双方について上程した上で，「両方の議案に賛成をした場合は無効と扱う」という付記をする方法を採用する例が多い[47]。

株主提案が上記いずれの趣旨であるかについては，判然としない場合には，提案株主に対していずれの趣旨であるかを確認する必要がある[48]。

⑴ 定款変更

株主提案の定款変更議案が，会社提案の定款変更議案と，条項箇所が同一か，内容において矛盾するかを検討する必要がある。

株主提案の定款変更議案が，会社提案のものと，条項箇所が異なり，内容においても両立する場合には，会社提案と株主提案は別個独立に議題とすれば足りる。

他方，株主提案の定款変更議案が，会社提案のものと，条項箇所が同一である場合，または条項箇所は異なっていても内容において矛盾する場合には，その両方の定款変更を同時に施行することはできないため，会社提案と株主提案の双方について上程した上で，「両方の議案に賛成をした場合は無効と扱う」という付記をするなど上記（ア）で説明した方法により付議，採決を行う必要がある[49]。

46　松山遥『敵対的株主提案とプロキシーファイト［第２版］』（商事法務，2012年）31頁。

47　「株式会社三陽商会第76期定時株主総会招集ご通知」（https://www.sanyo-shokai.co.jp/company/ir/pdf/76_shareholders_meeting.pdf）８頁の（注）の記載。

48　株主提案権の行使が株主総会の日の８週間前までに行われる必要があり（会社法303条２項，同法305条１項），その時点では会社提案の内容は不明であるのが通常であるから，基本的には「株主の案に基づき配当すべき」とする代替提案の趣旨と考えられる（三浦ほか・前掲注39・98頁参照）。

49　松山・前掲注46・32頁。

(ウ)　取締役選任[50]

(i)　会社提案と株主提案の候補者の合計が定款所定の定員を超えない場合

例えば，定款で取締役の定員が８名と定められている会社において，会社側から４名（ABCD），株主側から３名（EFG）の提案があった場合，①株主提案が会社提案に対する追加（ABCDに加えてEFG）である場合と，②代替（ABCDに替えてEFG）である場合とがある[51]。

そして，株主提案が①会社提案に対する追加（ABCDに加えてEFG）である場合，議題は，会社提案の「取締役４名選任の件」と株主提案の「取締役３名選任の件」の２つとなり，それぞれ４つと３つの議案が上程されているとみることになる（議案は，複数の候補者が提案されている場合でも，１人の候補者の選任が一議案を構成すると考えられている（改正会社法305条４項１号参照））。そのため，書面投票に際しては各候補者について格別に賛否を諮る必要がある（会社法施行規則66条１項１号イ）。ただし，定員が８名であるため，全員が選任されることも可能である。

他方，②株主提案が代替（ABCDに替えてEFG）の趣旨である場合には，会社提案の範囲内で候補者を替えるものと捉えることができるから，株主提案は会社提案に包摂され，議題としては「取締役４名選任の件」の１つでよい。その上で，議案は７つ上程されているとみることとなり，７名のうちから最大で４名が選任されることとなる。この場合，５名以上の者が過半数の賛成票を得ることも考えられるが，その場合には，得票数の多い順に選任されるものと扱うことも可能と解されている（あらかじめ，そのような取扱いをすることを招集通知等に記載するなどしておく必要がある）[52]。

(ii)　会社提案と株主提案の候補者の合計が定款所定の定員を超える場合

50　中村直人「モリテックス事件判決と実務の対応」商事法務1823号21頁，石井裕介＝浜口厚子「会社提案と対立する株主提案にかかる実務上の諸問題」商事法務1890号23頁。

51　いずれの趣旨か判然としない場合には提案株主に確認をする必要がある。なお，これをいずれの趣旨とみるべきかについては，株主提案は株主総会の日の８週間前までにしなければならないため，株主提案をする時点では会社提案の内容は不明であるのが通常だから，この場合の株主提案は①追加提案の趣旨に解すべき場合が多いとされる（石井他・前掲注50・26頁）。

52　石井ほか・前掲注50・26頁。

(i)の例で，取締役の定員が６名と定められている場合である。このケースでも，株主提案が追加であるのか代替であるのかという問題が生じる。

追加（ABCDに加えてEFG）の趣旨である場合，全員が選任要件をクリアすると１名定員が超過することとなるが，その１名については定款で定められた定員を超えるため選任されないものと扱えばよい[53]。この場合は得票数の多い順に選任されるもの（上記(i)参照）と扱うことが可能である。

他方，株主提案が代替（ABCDに替えてEFG）の趣旨である場合，上記(i)で述べたとおり，７名のうちから最大で４名が選任されることになるため，定款の上限を超えるという問題は生じず，(i)に記載のとおりに選任すべきことになる。

(iii)　会社提案と株主提案の候補者が一部重複する場合

例えば，会社提案として取締役５名の選任（ABCDE）があり，株主提案として取締役４名の選任（ABFG）が提出された場合である。株主提案が追加の趣旨である場合，議題および議案をどのように設定するかについて，いくつか考え方はあるが[54]，会社提案としてCDE，株主提案としてFG，これとは別に会社提案兼株主提案としてABを提案する（議題は３つとなる）方法が，一般株主から見てわかりやすく，集計作業もしやすい方法であると解される[55]。なお，LIXILグループの2019年６月25日開催定時株主総会ではこの方法が採用された。

なお，このケースで株主提案が代替の趣旨である場合は，ABについて会社提案兼株主提案として１つの議題とし，これとは別に，取締役３名選任の件として１つの議題を立て，その議題の中でCDEを会社提案議案としFGを株主提案議案とする処理をすることが考えられる。

(エ)　取締役解任

定時株主総会において，会社提案として取締役Ａを再任する議案が上程される一方で株主提案として取締役Ａを解任する議案が提案された場合，または取

53　三浦ほか・前掲注39・91頁。
54　①重複するABについては会社提案にのみ取り込み，株主提案からABを除外する方法，②会社提案も株主提案もそのまま上程する方法（ABについては重複して提案される）。
55　松山遥「LIXIL取締役選任議案をめぐる実務上の留意点」NBL1152号64頁。

締役Aが任期満了で退任する予定であるのに株主提案として取締役Aを解任する議案が提案されている場合に，当該株主提案を議案として取り上げるべきか否かという問題がある。この点，かかる株主提案の趣旨は「Aの再任に反対する」という意味に考えられるから，提案株主の同意がなくとも，当該株主提案は会社提案に対する反対意見の表明として整理し株主提案を別途上程しなくてよいとする見解がある[56]。これに対し，任期満了退任と解任とでは，法律上取扱いが異なっている（会社法346条1項）から，再任または任期満了退任という理由で解任決議を行う必要がないということはできない，という見解[57]もある。この点について確たる見解がない以上，株主提案について取り下げる同意が得られない場合には，当該株主提案を取り上げておくのが無難であるが，株主提案を取り上げないこととする場合には，このようなケースの取扱いにつき確定的な見解がないことを確認した上で，顧問弁護士からもその旨を確認し，提案株主に対して理由を述べて当該提案を取り上げないことを連絡して株主提案を取り上げないとする方法も考えられるところである[58]。

⑤　招集通知／株主総会参考書類

ア　招集通知の記載

株主提案が適法であり拒絶事由にも該当しない場合には，会社としては株主提案を株主総会に付議しなければならない。付議しない場合には，招集通知および株主総会参考書類に株主提案の議題を記載するよう求める満足的仮処分を申し立てられ[59]，損害賠償請求をされる[60]リスクを負う。

イ　株主総会参考書類の記載

書面投票を採用する会社（なお，議決権を行使できる株主が1,000人以上の会社においては書面投票制度の採用が義務づけられている（会社法298条2項，325条））においては，株主総会の招集通知にあたって，株主総会参考書類およ

56　松山・前掲注46・35頁。
57　東京地判平成26年9月30日金判1455号8頁。
58　東京高判平成27年5月19日金判1473号26頁。
59　横浜地決令和元年5月20日資料版商事法務424号126頁。
60　東京地判平成26年9月30日金判1455号8頁。

び議決権行使書面を株主に交付しなければならない（会社法301条）。そして，株主提案に係る議案を付議する場合には，株主総会参考書類に，

> ①　議案が株主提案である旨，
> ②　議案に対する取締役会の意見（意見がある場合），
> ③　株主が議案要領通知請求に際して提案理由を通知したときはその理由（当該提案理由が明らかに虚偽である場合または専ら人の名誉を侵害し，もしくは侮辱する目的によるものと認められる場合を除く），

などを記載する必要がある（会社法施行規則93条1項）。

以上のとおり，会社は株主提案の理由について株主総会参考書類に記載する必要があるが，次の制限が可能である。1つは字数制限であり，会社はあらかじめ株主総会参考書類に記載する字数を定款および株式取扱規定により定めることができ[61]，当該字数を超える場合には株主提案理由を要約することができる。もう1つは，明らかな虚偽または名誉侵害もしくは侮辱目的と認められる株主提案理由については記載をする必要はない。

⑥　株主名簿の閲覧

ア　意　義

株主は，株主提案を通すか，会社提案に反対するために，委任状勧誘を行うのに先立ち，株主名簿閲覧・謄写請求を行うのが一般的である。

イ　要　件

株主は，会社の営業時間内は，いつでも，請求の理由を明らかにした上で，株主名簿の閲覧または謄写を請求することができる（会社法125条2項）。上場会社の株主にあっては，個別株主通知が必要である（振替法154条2項）。会社は，株主がその権利の確保または行使に関する調査以外の目的で請求を行ったときや会社の業務を妨げ，または株主共同利益を害する目的で請求を行ったと

61　旧商法施行規則で400字と定められていたため，400字以上とするのが無難である（三浦ほか・前掲注39・19頁）。

きなどの拒否事由に該当しない限り，請求を拒むことはできない（会社法125条３項）。

なお，株主による閲覧または謄写の目的が複数存在し，その１つが拒否事由に該当する場合には，併存する正当な目的とそうでない目的のいずれが主たる目的であるかにより拒否の可否を決するとされている[62]。

ウ　閲覧・謄写の実行

会社は，株主に対し，営業時間中に場所を提供して株主名簿の閲覧・謄写をさせる義務を負うが，会社が自社のコピー機を株主に貸し与える義務を負うものではない。

⑦　委任状勧誘

ア　意　義

委任状勧誘とは，株主に対して株主総会における議決権の代理行使（会社法310条１項）を勧誘することをいう。委任状勧誘は，主に，書面投票制度を採用していない会社において定足数を確保する目的で行われる場合と，会社と経営方針について対立する株主が自己の提案に賛同する委任状を他の株主から集める目的で行われる場合があるといわれる[63]。

イ　株主・会社による委任状勧誘

委任状勧誘規制は，金商法，同法施行令（以下本章では「金施令」という），上場株式の議決権の代理行使の勧誘に関する内閣府令（以下本章では「勧誘府令」という）が定める規制であり，上場会社の発行した株式についての議決権行使の勧誘に対してのみ適用される（なお，上場会社の発行した株式であれば，上場されていない株式であっても適用される）。非上場会社の株式についての議決権行使の勧誘については，委任状勧誘規制の適用はない。

議決権の代理行使の勧誘を行おうとする者（勧誘者）は，当該勧誘に際し，その相手方（被勧誘者）に対して，委任状の用紙および参考書類を交付しなければならない（金施令36条の２第１項）。委任状用紙には議案ごとに被勧誘者

62　名古屋地裁岡崎支部決平成22年３月29日資料版商事法務316号209頁。
63　三浦ほか・前掲注39・23頁。

が賛否を記載する欄を設けなければならない（金施令36条の2第5項，勧誘府令43条）。ただし，「委任状用紙にあらかじめ賛否の表示がない場合には白紙委任とする」旨を記載することは認められている。

会社により，または会社のために議決権の代理行使の勧誘が行われる場合においては，株主は，会社に対し，会社の定める費用を支払って，参考書類の交付を請求することができる（金施令36条の5第1項）。会社が一部の株主にのみ委任状勧誘を行った場合において，勧誘を受けなかった株主が情報取得できる機会を与えるための規定である。

委任状勧誘規制に違反した場合には30万円以下の罰金に処せられる（金商法205条の2の3第2号）。

ウ　違法な委任状勧誘

委任状勧誘規制は会社法831条1項1号にいう「決議の方法」を規定する法令に該当せず，かつ，決議の方法の著しい不公正にも該当しないとした裁判例がある（東京地判平成17年7月7日判時1915号150頁）。これに対して，委任状勧誘規制の違反があった場合には，決議の方法に著しい不公正があったものとして決議取消事由に当たると解する見解もある。

エ　株主権行使の主体と会社法上の規制（議決権の代理行使）

株主は，代理人によってその議決権を行使することができる（会社法310条1項前段）。定款により議決権の代理行使を禁止することは認められない。ただし，定款により議決権を代理行使できる者を当該会社の株主に限定することは認められる[64]。また，議決権の代理行使は総会ごとにしなければならない（会社法310条2項）。会社は，株主総会に出席することができる代理人の数を制限することができ（会社法310条5項），定款で代理人を株主1名に限定することも認められている[65]。

64　最判昭和43年11月1日民集22巻12号2402頁。ただし，株主総会をかく乱させるおそれがない場合には，かかる定款の制限は及ばない。本文中に記載の者のほか，未成年者の法定代理人が議決権の代理行使をする場合，病気で入院中の株主に代わってその親族が議決権の代理行使をする場合など（松山・前掲注46・47頁）。

65　三浦ほか・前掲注39・30頁。

オ　常任代理人

前記のとおり，外国に居住する株主が日本国内に置く代理人のことであり，定款または株式取扱規則において外国に居住する株主に対して常任代理人の選任を求めるのが一般的である。常任代理人は株主としての権利義務のすべてについて包括的に代理権を有しているものと解され，会社は株主総会の招集通知や配当金の支払は常任代理人に対して行えばよいものとされている。また，常任代理人に対しては上記で述べた規制のうち，議決権行使の代理権を証明する委任状の提出（会社法310条１項後段），株主総会ごとの代理権授与（会社法310条２項），議決権代理行使の資格を株主に限る定款規定は適用されないものと解されている[66]。

カ　信託銀行名義の機関投資家

株式を信託銀行に信託している機関投資家（ゆえに，株主名簿には記載されていない）が，受託者である信託銀行から委任状を得て株主総会に出席することがある。これは形式的には代理人資格を株主に限定する定款規定に違反するようにも見えるが，投資信託及び投資法人に関する法律10条２項の趣旨に鑑みて，委託者であり実質的な株主である機関投資家が信託銀行（受託者）の代理人として株主総会に出席することは定款違反にならないと解されている[67]。

⑧　検査役の選任

ア　意　義

会社と株主との間で，議案の内容について意見の対立があり，株主提案がなされた場合には，紛争を予防し，また仮に紛争となった場合の証拠保全の目的から，「株主総会に係る招集の手続及び決議の方法を調査させるため」，裁判所に対し，検査役の選任を申し立てることができる（会社法306条）。

イ　申立権者等

検査役選任の申立ては，会社または株主がすることができる。ただし，公開会社である取締役会設置会社において株主が検査役選任の申立てをするには，

66　三浦ほか・前掲注39・173頁。
67　野村修也ほか「会社法下の株主総会における実務上の諸問題」商事法務1807号67頁。

総株主（株主総会において決議をすることができる事項の全部につき議決権を行使することができない株主を除く）の議決権の100分の１以上の議決権を６カ月前から有する株主である必要がある。また，個別株主通知をしておく必要がある（振替法154条２項）。

裁判所は，総会検査役の選任の申立てが適法である場合には，検査役を選任する（会社法306条３項）。

検査役の費用は株主が申し立てた場合も会社の負担となるが，実務上は，申立人に予納金を収めさせて検査役に報酬を支払い，申立人から会社へ求償することが多いとされる[68]。

ウ　検査役による調査・報告

検査役は招集手続および決議方法に違法性がないかどうかを判断する基礎となる事実について調査を行い，報告書に事実の経過を記載するものであるから，それが適法か否かの法的判断をすることは求められていない[69]。

検査役は，必要な調査を行い，株主総会終了後，調査報告書を裁判所に提供して報告を行い（会社法306条５項），会社（申立人が株主の場合には，会社および株主）に対して，調査報告書の写しを交付する（会社法306条７項）。

⑵　公開買付け（TOB）

①　敵対的TOBの増加

過去には，王子製紙が2006年に北越製紙（現北越コーポレーション）に対して行った敵対的TOBがあったが（結果は不成立），2019年から大手企業同士の敵対的買収が増加している（【図表４－５】参照）。

68　松山・前掲注46・162頁。
69　阿部信一郎「総会検査役の任務と実務対応」商事法務1973号59頁。

【図表4－5】過去5年の主な敵対的買収一覧

公表年月	買収者	買収者証券会社	被買収者	結果
2017年2月	佐々木ベジ（個人）	三田証券	ソレキア	○
2018年4月	日本アジアグループ	三田証券	サンヨーホームズ	○
2019年1月	伊藤忠商事（BSインベストメント）	野村証券	デサント	○
2019年7月	エイチ・アイ・エス	エイチ・エス証券	ユニゾホールディングス	×（EBO成立）
2019年8月	フォートレス・インベストメント・グループ（サッポロ）*	大和証券		
2019年12月	HOYA	大和証券	ニューフレアテクノロジー	×（東芝のTOB成立）
2020年1月	前田建設工業（前田総合インフラ）	大和証券	前田道路	○
2020年1月	オフィスサポート（シティインデックスイレブンス）	三田証券	東芝機械	×
2020年2月	META Capital（ウプシロン投資事業有限責任組合）**	SBI証券	澤田ホールディングス株式会社	校了時においてTOB中
2020年7月	コロワイド	SBI証券	大戸屋	○
2020年11月	ストラテジックキャピタル等（サンシャインH号投資事業組合）	三田証券	京阪神ビルディング	×

＊ブラック・ストーン・グループはTOBの提案をしていたが最終的に実施には至らなかった。
＊＊澤田ホールディングスは，2020年9月23日になって反対意見を表明した。

背景としては，2015年6月のCGCの導入（原則1－5[70]）により安易な買収防衛策は導入しにくくなり，また，公開買付けがなされた場合にはCGCの補充原則1－5の規定[71]のほか，敵対的買収への一般的な心理的抵抗が下がったものといえる。さらに，公開買付代理人となる証券会社も敵対的買収を積極的

70 「買収防衛の効果をもたらすことを企図してとられる方策は，経営陣・取締役会の保身を目的とするものであってはならない。その導入・運用については，取締役会・監査役は，株主に対する受託者責任を全うする観点から，その必要性・合理性をしっかりと検討し，適正な手続を確保するとともに，株主に十分な説明を行うべきである」。

71 「上場会社は，自社の株式が公開買付けに付された場合には，取締役会としての考え方（対抗提案があればその内容を含む）を明確に説明すべきであり，また，株主が公開買付けに応じて株式を手放す権利を不当に妨げる措置を講じるべきではない」。

に扱うようになったことも背景にあるものと考えられる。

②　TOBの要件（「3分の1ルール」）

本書では，第三者から敵対的な公開買付けを受けた場合を想定して，最も使用されるいわゆる「3分の1ルール」（金商法27条の2第1項2号）についてのみ概要を説明する。

ア　市場外取引により取得すること

市場外取引とは，市場内立会内（東京証券取引所でいえば，東証一部，二部，ジャスダック等）ではない，市場外や市場内立会外（ToSTNET））での相対取引等を指す。

イ　買い付け後の株券等所有割合が3分の1超となること[72]

買い付け後の時点で，株券等所有割合が3分の1超となるか否かを判断する基準時を意味する。

株券等所有割合の計算については，公開買付者のほか特別関係者の株式を含めて，議決権ベースで3分の1を超えるかを判断する。なお，特別関係者とは形式基準と実質基準に分かれており，前者は，買付者が法人であれば当該法人が20％の議決権を保有する会社およびその役員や当該法人の20％の議決権を保有する会社およびその役員などが含まれる。一方，後者は，共同して議決権を行使したり，株券等を取得・譲渡することを合意している等の場合を含み，実質的に判断される。

72　なお，取得前の時点で議決権所有割合が過半数である場合には，議決権所有割合が3分の2を超えるまでTOBをすることなく取得が可能である。もっとも，議決権所有割合が3分の2を超える場合にはTOBが必要となりかつ全部買取義務が課される（金施令8条5項3号，発行者以外の者による株券等の公開買付けの開示に関する内閣府令（以下本章では「他社株公開買付府令」という）5条5項）。

コラム

TOBが必要となる理由

そもそも，市場内で株式を取得して株券等所有割合が3分の1以上となっても，急速買付け（※）の場合を除き，公開買付けは不要である 。とはいえ，市場内で株を買い進めようとすると株価が上昇し，また値幅制限にかかればストップ高となり，最終的に目標とする持株比率までに要する資金が不透明となる。さらに，議決権が5％を超えると大量保有報告書を提出する必要が生じ，その後は1％の変動があるごとに変更報告書の提出も必要となる。このほか，ある程度の時間をかけて市場内で取得しようとすると，情報漏えい管理が困難となり，インサイダー取引が発生する可能性もある。したがって，支配権獲得を目的として市場内で大量の株式を買い進めることは一般的には考えづらい。

一方で，市場外において，会社の支配権（例えば3分の1を超える場合には，株主総会の特別決議について拒否権を持つことになる）に関わるような取引を相対で行う場合には多くの投資家に影響があることから，適切な情報開示と売却機会の確保が重要となる。そこで，金商法は，公開買付届出書を通じて情報を開示させるとともに，株主に対し広く売却機会を提供している 。

（※）3カ月以内に10％超を取得し，そのうち5％超が市場外または立会外取引による買付けであって，取得後の株券等所有割合が3分の1を超える場合には公開買付けが必要とされている（金商法27条の2第1項4号）。

③　公開買付け（敵対的）の一般的な流れ

ア　公開買付者：公開買付届出書が提出される前日にプレスリリースする。

イ　公開買付者：公開買付届出書をEDINETに提出するとともに，公開買付開始を公告する（日刊新聞紙および電子公告）。

ウ　対象会社：公開買付届出書が提出されてから10営業日以内に「意見表明報告書」をEDINETに提出する（金商法27条の10第１項，金商法施行令13条の２第１項）。なお，その際には，例えば以下の意見を求められる（他社株買付府令第４号様式記載上の注意（3）a～c）。

⑴　当該公開買付けに関する意見の内容，根拠および理由

a　意見の内容：敵対的買収の場合，「公開買付けに応募しないことを勧める。」／「意見の表明を留保する。」等が考えられ，突然の買収が多いことから，当初は，いったんは留保するケースが多い。

b　根拠：意思決定に至った過程を具体的に記載する。

c　意見の理由：賛否・中立を表明している場合にはその理由を，意見を留保する場合にはその時点において意見が表明できない理由および今後表明する予定の有無等を具体的に記載する。

また，対象者が意見表明の決定に関するプレスリリースを行うにあたっては，意見表明報告書に求められる事項のほか詳細な記載が求められる[73]。実務的には，公表において追加する事項も意見表明報告書にあわせて記載する。

⑵　対象会社の質問権

対象会社は，公開買付者に対して，意見表明書に質問を記載することにより１回に限り質問することができ（金商法27条の10第２項１号），公開買付者は意見表明書の提出日から５営業日以内

73　適時ガイドブック第２編第１章１ ３⑵②。

に対質問回答報告書を関東財務局長に提出しなければならない（金商法27条の10第11項，金商法施行令13条の2第2項）。質問権の行使は1回限りとされ[74]，意見表明報告書の訂正報告書を用いた質問事項の変更や追加は認められないと解されている[75]（金商法27条の10第8項，同法27条の8第2項）。例えば，上記でいえば佐々木ベジ，日本アジアグループ，エイチ・アイ・エス，サンシャインH号投資事業組合が「対質問回答報告書」を提出している。もっとも，任意に複数回のやりとりを行うことまでは禁じられておらず，現に複数回行われている。

⑶　公開買付期間の延長請求

公開買付期間は，原則として，公開買付公告を行った日から，20営業日以上60営業日以内であるところ（金商法施行令8条1項），買付者が設定した公開買付期間が30営業日より短い場合，対象者は意見表明報告書に記載することにより，公開買付期間を30営業日に延長することを請求することができる（金商法27条の10第2項2号，金施令9条の3 6項）。これは，買付者以外の第三者が買付けを検討する時間的猶予を与える趣旨である。

当該延長請求は，公開買付開始公告から10営業日以内に行使する必要があると解される[76]。

なお，金商法上，買付け等の価格の引下げや買付け等期間の短縮等の応募株主に不利となる条件変更は禁止されているものの（金商法27条の6第1項，金施令13条2項），買付者の公開買付期間の延長について特に規定がない。上記，澤田ホールディングスの件のように，実際に延長を繰り返している例もある。

74　三井秀範＝池田唯一監修，松尾直彦編著『一問一答　金融商品取引法［改訂版］』（商事法務，2008年）198頁。
75　長島・大野・常松法律事務所編『公開買付けの理論と実務［第3版］』（商事法務，2016年）217頁。
76　長島・大野・常松法律事務所・前掲注74・218頁。

エ　公開買付者：公開買付期間終了後に結果を公表する。公開買付けが成功した場合，その後，取得手続を行う。

⑶　買収防衛策

①　買収防衛策の例

買収防衛策が話題になって久しく[77]，例えば，以下のような予防策・防衛策が紹介されている。もっとも，買収防衛策の導入について留意すべき点が指摘され[78]，近年においては買収防衛策の廃止が主流となってきている（**【図表４－６】【図表４－７】**参照）。

【図表４－６】敵対的買収の予防策[79]

予防策	具体的な活用法等
ライツプラン（ポイズン・ピル＝毒薬条項）（強制転換条項付新株予約権）	一定割合の議決権を取得した買収者が現れた場合に，その他の株主が市場より安い価格で株式を取得できる権利（ライツ＝新株予約権）をあらかじめ付与し，買収者の持株比率を薄める策。発動まで，配当負担，償還義務，議決権割合の変動等の経済的負担が発生せず効率的。
黄金株（拒否権付種類株式）	企業の合併・取締役選解任など重要議案に拒否権がある種類株式（黄金株）を一部の友好的な株主に付与。
ゴールデンパラシュート，ティンパラシュート（従業員）	買収後に役員（従業員）が解任された場合に，通常の退職時に比べ莫大な退職金を支払う契約をあらかじめ締結しておき買収時の企業価値を下げる。
プット・オプション	銀行借入れ等に際して「支配権が変わった場合，一括弁済を請求できる」といった条項を付して，買収時の財務状況悪化を狙う。

77　経済産業省＝法務省「企業価値・株主共同の利益の確保又は向上のための買収防衛策に関する指針」（2005年５月27日）。
78　企業価値研究会「近時の諸環境の変化を踏まえた買収防衛策の在り方」（2008年６月30日）。
79　みずほ総研「企業買収防衛策」https://www.mizuho-ri.co.jp/publication/research/pdf/research/r050601keyword.pdf　より引用して修正。

チェンジ・オブ・コントロール条項	重要な契約や重要な合弁のパートナーとの株主契約等において「支配権が変わった場合，相手方が契約の破棄・見直し，合弁会社の買取りを行うことができる」といった条項を入れ，買収時の事業価値低下を狙う。
非公開化	マネジメント・バイアウト（MBO），レバレッジド・バイアウト（LBO）などによる非公開化。

【図表４－７】敵対的買収をかけられてからの防衛策[80]

防衛策		具体的な活用法等
友好な第三者との連携	第三者割当増資	発行済株式総数増大により買収者の持株比率を薄めるとともに安定株主を増大。
	新株予約権の発行	友好的な第三者に新株予約権を発行することで，最終的には第三者割当増資と同様の効果を期待。
	ホワイトナイト	友好的な第三者に敵対的買収者よりも有利な条件（高い価格）で株式公開買付け（TOB）をかけてもらい買収者を退ける。
	第三者との株式交換・合併	友好的な他社との間で株式交換・合併を行う（株主総会の特別決議が必要）。
買収企業価値の低下	第三者割当増資	発行済株式総数増大により買収者の持株比率を薄めるとともに安定株主を増大。
	焦土作戦（クラウンジュエル）	買収者が狙う重要な事業や資産（クラウンジュエル＝王冠の宝石）の売却や多額の負債引受けにより買収者のメリットを減じる（貸株の利用等も考えられる）。
	資産ロックアップ	重要な事業や資産を市場価格以下で一定の場合に取得できる権利を友好的な第三者に付与。
その他	増配	増配等により株式の魅力を高め，株価引上げにより買収コストを高める。
	パックマンディフェンス	買収者に対して逆に買収を仕掛け，商法の規定で買収者側の議決権が消滅する25%以上の持合いを目指す。

80　前掲注79参照。

②　昨今の買収防衛策に対する賛成率

三井住友信託銀行 証券代行コンサルティング部の調査によれば，主要な国内機関投資家の買収防衛策議案の賛成率は【図表４－８】のとおりである。

【図表４－８】大手日系機関投資家10社の，買収防衛策議案への賛成行使率

賛成率	2016/7～2017/6	2019/7～2020/6	増減
10社平均	17.4%	5.3%	−12.1%
三井住友トラスト・アセットマネジメント	23.1%	6.3%	−16.8%
三菱 UFJ 信託銀行	30.5%	7.6%	−22.9%
アセットマネジメント One （～2017/6は2016年10月以降）	24.2%	11.5%	−12.8%
りそなアセットマネジメント （～2017/6はりそな銀行）	38.6%	6.5%	−32.2%
野村アセットマネジメント （～2017/6は1～6月）	0.0%	0.0%	0.0%
大和アセットマネジメント （～2017/6は4～6月）	9.1%	0.0%	−9.1%
日興アセットマネジメント	9.1%	0.0%	−9.1%
三菱 UFJ 国際投信	21.4%	16.8%	−4.5%
三井住友 DS アセットマネジメント （～2017/6は大和住銀投信投資顧問）	3.6%	4.0%	0.4%
東京海上アセットマネジメント	13.9%	0.0%	−13.9%

（出所）各機関投資家のウェブサイトにおける開示内容をもとに三井住友信託銀行作成

買収防衛策議案の賛成率を比較すると2017年は17.4％であったのに対し，2020年は5.3％と大幅に減少している。これは，日本版 SC が2017年５月に策定され機関投資家は議決権の行使結果を議案ごとに公表するべきであることとされたことが影響を与えていたものと思われる。

一方で，コロナ禍における動向においても，米国の調査会社 Activist Insight によれば，「Russel 3000」の採用銘柄のうち，52社がポイズン・ピル

を導入する例も見られた[81]。

③　近年のTOBの対抗例

ア　剰余金の配当の増額

オフィスサポートの東芝機械に対する公開買付けを受けて，東芝機械は，2020年２月21日，総額30億円の特別配当をする旨公表した。

また，前田建設の前田道路に対する公開買付けを受けて，前田道路は2020年２月20日に，基準日を３月６日として４月14日に臨時株主総会を開催し，総額約535億円の特別配当を付議すると公表した。そして，３月13日に公開買付けが成功した後の４月14日の臨時株主総会において，約535億円の配当は可決された。

イ　ホワイトナイト

佐々木ベジ氏のソレキアに対する公開買付けを受けて，富士通がホワイトナイトとして，公開買付けに加わった。もっとも，佐々木ベジ氏が，１株当たり5,300円としたのに対し，富士通は，１株当たり5,000円以上には増額しないことを表明し，佐々木ベジ氏の公開買付けは成功した。

エイチ・アイ・エスのユニゾホールディングスに対する公開買付けを受けて，フォートレス・インベストメントグループがホワイトナイトとして，公開買付けに加わった。なお，その後，ユニゾホールディングスは，フォートレスの公開買付けについての態度を賛成から保留へと変更し，最終的にはEBOとなった。

ウ　従業員・労働組合の意見表明

オフィスサポートの東芝機械に対する公開買付けを受けて，東芝機械労働組合や東芝機械協力協同組合は2020年３月３日東芝機械の反対意見表明に賛同，東芝機械相模協力業者協同組合は，同月９日東芝機械の反対意見表明に賛同する旨を公表した。

また，コロワイドの大戸屋ホールディングスに対する公開買付けを受けて，

81　https://www.nikkei.com/article/DGXMZO62339650V00C20A8FF8000/

同社の従業員有志一同が公開買付けに反対する声明を公表した。

エ　議決権行使助言会社および既存株主への働きかけ

東芝機械は，買収防衛策の導入にあたり，限定的な場面での発動であることを説明した結果，ISSが例外的な対抗策であるとして賛同した[82]。

オ　取締役決議に基づく新株予約権の発行

東芝機械は，2020年1月17日，取締役会決議により新株予約権の無償割当てを決議した。本決議は，取締役会においてその導入が決定された点が注目されるが，最終的な判断は，株主総会を開催して株主に意思確認を行うとしており，あくまで株主の意向に委ねる扱いとしている。

カ　外為法・金商法の指摘

東芝機械は，2020年3月13日，オフィスサポートに対し，外為法および金商法違反の疑いがある旨を通知した。

⑷　有事における買収防衛策の導入

東京高等裁判所[83]は，いわゆる「主要目的ルール」を採用し，「会社の経営支配権に現に争いが生じている場面において，株式の敵対的買収によって経営支配権を争う特定の株主の持株比率を低下させ，現経営者又はこれを支持し事実上の影響力を及ぼしている特定の株主の経営支配権を維持・確保することを主要な目的として新株予約権の発行がされた場合」には，差止めを可能とした。その目的の例として，以下が挙げられる。

82　「今回の買収防衛策は，村上グループのみにターゲットを絞って期間を（6月の定時株主総会後に開かれる最初の取締役会までに）限定し，なおかつ株主総会に問うということを条件にしているからだ。例外的で一時的な対抗策であるということで賛同してくれた」（東洋経済オンライン「東芝機械VS村上ファンド，大詰め攻防のゆくえ」，https://toyokeizai.net/articles/-/339022?page=2）。

83　東京高決平成17年3月23日判タ1173号125頁。

①**グリーンメーラー**：
経営に参加する意思がなく，株価をつり上げて高値で株式を会社関係者に引き取らせる目的
②**焦土化経営**：
会社の経営上必要な知的財産権，ノウハウ，企業秘密情報，主要取引先や顧客等を取得する目的
③**担保や弁済原資**：
会社の資産を買収者等の債務の担保や弁済原資として流用する目的
④**高配当・高値の売抜け**：
会社を一時的に支配して高額資産等を売却等処分させ，一時的な高配当をさせるか株式を高価で売り抜ける目的

もっとも，近時主要目的ルールについては厳格に解釈される傾向にある。出光興産の新株発行差止仮処分事件[84]では，「会社法210条２号所定の『著しく不公正な方法』による募集株式の発行とは，不当な目的を達成する手段として株式発行が利用される場合をいうと解されるところ，会社の支配権につき争いがあり，現経営陣が，支配権を争う特定の株主の持株比率を低下させ，もって自らの支配権を維持・確保することなどを主要な目的として新株発行をするときは，当該株式発行は不当な目的を達成する手段として行われる場合に当たるというべきである」としたものの，新株発行の主要な目的については，事実関係を詳細に検討した上で必要性・合理性の判断を下していることから，安易に認められるわけではない点については注意が必要である。

84 東京地判平成29年７月18日金判1532号41頁。

コラム

前田道路の特別配当

2020年１月に前田建設工業（厳密には子会社）から前田道路に対して行われた TOB 中に，前田道路から公表された約535億円の特別配当についてみてみる。

すなわち，前田道路は同年１月21日（火）から３月４日（水）までの30営業日を買付期間とし，決済の開始日を同月11日（水）として TOB を開始した。

一方で，前田道路は，同年２月20日（木）に，基準日を３月６日，臨時株主総会を４月14日とする特別配当の実施を公表した。当該基準日は，前田建設の買付期間終了後・株式取得前の決済前の時点であることから，前田建設の議決権比率は24%強であった。

特別配当の公表により，前田建設は，TOB 開始時に定めていた，“純資産の帳簿価額の10%（約203億円）以上毀損したら公開買付けを撤回することができる”という要件に該当することとなり，公開買付けの撤回が可能な状態となった。そこで，前田建設は，TOB に係る買付条件等の変更を行い，公開買付届出書の訂正報告書を提出する必要が生じ，２月27日（木）に訂正報告書（公開買付けの撤回の可能性はあるものの，同時点では撤回しない旨）を提出した。なお，訂正報告書を提出した場合，買付期間は，訂正報告書の提出日から10営業日延長しなければならないことから（金商法27条の８第８項，他社株買付府令22条２項），３月12日（木）まで買付期間が延長された。その後，前田建設は TOB を撤回せず，51.29%を取得した。

前田建設は，過半数の株式を取得したものの，上記基準日後にすぎず，約535億円の特別配当は，4月14日に可決（賛成約65.54%）された。前田建設は反対することが予想されていたことから，残り約76%の帰趨が問題となったが，その多くが配当に賛成したことになる。

索　引

英字

あ行

か行

さ行

た行

な行

は行

ま行

や行

ら行

わ行

【著者紹介】

＜第1章担当＞

松本史雄（まつもと　ふみお）

岡三証券株式会社　グローバル金融調査部　チーフストラテジスト

証券会社での支店営業，日本株アナリスト経験後，国内生保系および外資系資産運用会社の日本株ファンドマネージャーとして国内外投資家の資産運用を担当する。2019年11月より現職。機関投資家向け日本株投資戦略の策定に従事。

＜第2章担当＞

若杉政寛（わかすぎ　まさひろ）

ブルームバーグ L.P. ブルームバーグ・インテリジェンス（テクノロジーセクター担当）

1996年早稲田大学大学院理工学研究科修了。同年三和総合研究所（現三菱 UFJ リサーチ＆コンサルティング）入社。その後，米系資産運用会社，米系および欧州系証券会社を経て現職。現在は，半導体，半導体製造装置，電子部品業界の調査に従事。

＜第3章担当＞

井上肇（いのうえ　はじめ）

三井住友信託銀行証券代行コンサルティング部 IR・SR チーム長

1999年筑波大学卒業後，あさひ銀行（現りそな銀行）にて支店，IR 業務に従事。現在は上場企業の IR・SR 活動のプラットホーム提供と平時，有事のプロセス支援を行う。

＜第4章担当＞

初瀬貴（はつせ　たかし）　第4章，2担当

弁護士法人漆間総合法律事務所　代表社員弁護士

2001年一橋大学法学部卒業，2002年弁護士登録，2015年ジョージタウン大学ローセンター卒業，2016年ニューヨーク州弁護士登録。虎門中央法律事務所を経て，2017年に参画。企業危機管理・ガバナンス対応に広く従事。公認不正検査士。

鈴木修平（すずき　しゅうへい）第4章，3担当

弁護士法人漆間総合法律事務所　社員弁護士

2009年慶応義塾大学法科大学院卒業，2010年弁護士登録。都内法律事務所を経て，2017年に参画。M&A／企業再編，公開買付け手続等の金商法対応のほか，ベンチャー支援，ヘルスケア関係についても取り扱う。公認不正検査士。

宮川拓（みやがわ　たく）第4章，3担当

弁護士法人漆間総合法律事務所　社員弁護士
早稲田大学法学部，上智大学法科大学院卒業後，司法研修所修了，都内証券会社にて海外出向，東京丸の内法律事務所等を経て，現職。企業法務，労務（企業側），ファイナンス等を扱う。

実践　海外投資家に向けたIR・SR対応

2021年4月10日　第1版第1刷発行

著　者　松本史雄
若杉政寛
井上肇
初瀬貴
鈴木修平
宮川拓

発行者　山本継
発行所　㈱中央経済社
発売元　㈱中央経済グループパブリッシング
〒101-0051　東京都千代田区神田神保町1-31-2
電話　03(3293)3371(編集代表)
03(3293)3381(営業代表)
https://www.chuokeizai.co.jp
印刷／文唱堂印刷㈱
製本／㈲井上製本所

ISBN978-4-502-38081-5 C3032